謎とき 世界の宗教・神話

古市憲寿

JN054730

講談社現代新書
2725

はじめに

宗教は謎と不思議に満ちている。

どうして人類は「神」といった目に見えない存在を信じるようになったのか。なぜ宗教のために命を懸けて戦い、死んでいく人は後を絶たないのか。いつまでも宗教を巡る対立が終わらないのはどうしてなのか。

現代でも、連日のように「宗教」がニュースになっている。もう少し正確に言えば、多くの事件や出来事に宗教が絡んでいる。中東のイスラエル・パレスチナ紛争はもちろん、アメリカの同性婚や妊娠中絶を巡る議論、さらにはロシアのウクライナ侵攻にも、その底流には宗教問題が関係している。

この『謎とき　世界の宗教・神話』は、「本」を通じて世界の宗教や神話の不思議を解き明かそうとする一冊だ。

なぜ「本」なのか。それは多くの宗教が聖典を持つからだ。何かの宗教を理解しようとする場合、『新約聖書』や『コーラン』などの聖典に当たるのがよさそうに思える。

だがここに大きなハードルが立ちはだかる。一人で聖典を読み通すのは、とんでもなくたいへんなのだ。何せ現代と常識や価値観の違う時代に書かれた文章である。現代人から見れば飛躍や矛盾も多い。特にその宗教の信者でないなら、なおさら取っつきにくい。

　ではどうすればいいのか。大切なのは「補助線」だと思う。宗教書に限らないが、古典を読むには前提知識が必要である。前提知識という補助線があれば、一気に難解な本も読みやすくなる。

　というわけで、一二人の研究者に宗教書や神話の「読みどころ」を聞いてきたのが本書である。結果的に、一冊でキリスト教からイスラム教、ゾロアスター教から北欧神話まで一二の信仰についてざっくりと把握できる良質な入門書になったと思う。良質すぎて、実際の聖典に当たらなくても、読んだフリができるほどである。

　だが、いわゆる学校教科書のような入門書ではない。「宗教入門」を掲げる本やムックを読んでみたが、いくつかは恐ろしくつまらなかった。ただ情報が列挙されているだけなのだ。「明日から出張でイスラム圏に行く」といった人なら必死に精読するだろうが、それ以外の読者には退屈なはずだ。

　この『謎とき　世界の宗教・神話』に退屈の心配はいらない。各回は対談形式で進むが、登場する研究者が面白い人ばかりだったからだ。

　たとえば【第4回】の青木健さん。ただゾロアスター教の教義に詳しいだけではない。

ゾロアスター教を研究することは、ホモ・サピエンスの原初宗教が何だったのかの解明につながる。その意味で、青木さんの研究は、世界の謎を解き明かそうとしているのだ。

宗教問題は、現代の世界情勢を理解するうえでも重要だ。【第2回】ではロシア正教について三浦清美さんに話を聞いた。なぜプーチン大統領が絶大な権力を持つに至ったのか。現代ロシア人はどのような宗教観を持っているのか。三浦さんが、簡潔かつ的確にロシア宗教史を振り返ってくれたおかげで、ロシアのニュースを観るときの理解度も変わると思う。

こんな風に、個性豊かな一二人から宗教に関する講義を受けられるのが本書だ。どの回から読んでもらっても構わない。だが読み進めていくうちに、各宗教や神話の関連性に気がつくような仕掛けになっている。

現代人が、科学によって宇宙や世界の仕組みを理解しようとするように、宗教や神話は世界を説明する手段でもあった。そこには僕たちから見ても、納得できたり、膝を打つような驚きやアイディアが溢れている。

各回の冒頭では、ヤングみやざきさんがウィットに富んだマンガを描いてくれた。そのマンガを読むだけでも、各宗教や神話の概要がわかってしまう。もはやこの「はじめに」など余計な気がしてきた。「ヤングふるいち君」の大冒険を楽しんで欲しい。

「おわりに」では、宗教の世界史をコンパクトにまとめてみた。ホモ・サピエンスが誕生し、宗教が生まれてから、その発展や攻防までの歴史を一気に振り返った。いかに人類史において宗教や信仰が重要な役割を果たしてきたかがわかるはずだ。

では一二人の研究者たちと、宗教と神話の謎を巡る旅に出掛けよう。

はじめに ―― 3
第1回 聖書 キリスト教はなぜ「長持ち」したのか 佐藤優 ―― 9
第2回 ロシア正教 なぜツァーリは絶対的な力を持つのか 三浦清美 ―― 29
第3回 『コーラン』 イスラム教の世界観とは 飯山陽 ―― 49
第4回 ゾロアスター教 イラン発の宗教は何をもたらしたか 青木健 ―― 69
第5回 インド神話 『マハーバーラタ』の描くヒンドゥー教の神 沖田瑞穂 ―― 89
第6回 ジャイナ教 なぜ不殺生を徹底するのか 堀田和義 ―― 109

第7回　『論語』　孔子の人間臭い実像　渡邉義浩　129
第8回　『西遊記』　玄奘はなぜインドへ向かったか　吉村誠　149
第9回　北欧神話　『エッダ』に登場する神々と巨人たち　松本涼　171
第10回　『万葉集』　日本的で、中国的である理由　上野誠　191
第11回　『禅と日本文化』　日本仏教はなぜ多様なのか　碧海寿広　213
第12回　『聖と俗』　エリアーデの「宗教的人間」　岡本亮輔　233
おわりに　255

第1回

聖書

キリスト教はなぜ「長持ち」したのか

佐藤優《さとうまさる》

一九六〇年東京都生まれ。作家、元外務省主任分析官。同志社大学大学院神学研究科修了。二〇〇五年、『国家の罠』で鮮烈なデビューを飾り、翌年の『自壊する帝国』（ともに新潮社）で大宅壮一ノンフィクション賞、新潮ドキュメント賞を受賞。主な著書に『神学の思考』（平凡社ライブラリー）、『ゼロからわかるキリスト教』（新潮社）、『日本左翼史』（全四巻、講談社現代新書）などがある。

本人不在!?のキリスト教
ヤングみやざき
リンゴーン
リンゴーン
心洗われる鐘の音！
ヤングふるいち君
世界中を愛で包みこむ…
キリストが作った宗教…
キリスト教って
イイよね
それ…ちょっと違うんだよね…
ピカァァァ
ジュウウウ
うおお目が…
誰!?
イエス・キリストです
だと思った
ジュ～
あのね
まず僕はユダヤ教徒
そーなの!?

ユダヤ人にとって
ユダヤ教が基本OSの世界で…
ストン
別の考え方を提案したのが僕なの
律法にがんじがらめはよくないよ
キリストの教え
律法
ユダヤ教
OS
旧約聖書
分派って感じか
でまあ ユダヤ教の権威ににらまれて殺されちゃうんだけどね
逃げる弟子達
弟子達…!
僕カンケーないでーす
オイ
わー
だけど
僕の死後すぐ弟子達が教えを広めたの
弟子達…!?
なんなの…
つまり…キリスト教を作ったのは僕じゃなくて
この弟子達ってこと!?
使徒ンジャーズ
いや…
立役者がもうひとり

このパウロ君
プロデューサーの才能があった彼は
元キリスト教の迫害者
回心して伝道者に
キリスト教を世界の宗教にしよう！
そのためにはユダヤ人中心の教義を変えないと！
世界中の人が「愛」の対象だ！
割礼しなくても入信ＯＫ！
ローマ帝国とはうまくやっていこう！
うおおお
諸国で教会を立ち上げ
フランチャイズ運営に命をかけた
連絡は手紙で
有能〜〜！
でも…結構変えちゃってない？大丈夫？
うん…
結局彼の教義がキリスト教の素地になったんだよね…
PAULOS
それもう「パウロ教」じゃん！

キリストさんの本当の教えってじゃあどこに…？
あ 聖書か！
BIBLE
聖書もねー弟子達のいろんな文書の寄せ集めだから…
モヤーア
なんかもう実体が…あいまいすぎて…
たしかに…
僕ってホントにいたのかな…
スゥゥゥ
SAYONARA…
わあああウソウソ！
サラサラ
ちょっと待った!!
それでも最初にキリストを信じた集団がいたのは確かなんだ！
誰!?
佐藤です
いろんな矛盾があるからこそしぶといキリスト教…
そんな話をしましょうか

聖書は簡単には読めない

古市　聖書を読みたいと思って手にしても、なかなか最後まで読み通せる人って少ない気がします。『新約聖書』の最初なんて、人名ばかりが並んでいるし。

佐藤　相当の情熱がなければ無理ですね。古市さんが言うように、『新約聖書』は「マタイによる福音書」の冒頭で挫折《ざせつ》する作りになっています。簡単に読めたら、聖書を読むことを商売にしている神父や牧師の仕事がなくなるじゃないですか。そういった専門家の職業をつくるためにも、簡単に読めてはいけない作りになっているんです。

古市　わざと挫折する作りになっているんですね（笑）。それでも読んでみようと思う場合、あらかじめどんな予備知識があったほうがいいんですか。

佐藤　西洋の古典として読むのなら、聖書学の基本的な入門書に目を通しておくと、とっつきやすくなると思います。たとえば、新教出版社から出ているボルンカムの『新約聖書』は二五〇ページぐらいだから読みやすい。あるいは、岩波新書から出ている大貫隆《おおぬきたかし》さんの『聖書の読み方』も手軽に読めます。

古市　聖書そのものを読む場合、どこから読むのがいいですか。

佐藤　一般の人にお勧めなのは、マタイ、マルコ、ルカ、ヨハネという四つの「福音書《ふくいんしょ》」と「使徒言行録《しとげんこうろく》」「ローマの信徒への手紙」「ヨハネの黙示録《もくしろく》」あたりですね。これだけでも七本あるから、けっこう大変です。もっと絞るなら「マタイによる福音書」がいいと思います。

古市　そもそも福音書って何ですか。

佐藤　福音書は、イエス・キリストの言行を記した文書で、マタイ、マルコ、ルカの三福音書を「共観福音書」といいます。なぜそう呼ぶかというと、根っこにある伝承やテキストに共通する内容が多いからです。

古市　三つのなかでなぜマタイがお勧めなんですか？

佐藤　キリスト教の思想を説明するときに引用される箇所が多いし、文章も教会の礼拝で読むような、きれいな文章で書かれているからです。マタイは『新約聖書』の最初に置かれていますよね。でも成立した順番でいうと、マルコがいちばん早いんです。じゃあなぜ最初にマタイが来ているかというと、教会で読むことを想定して書かれているからです。

古市　福音書はマタイ、マルコ、ルカのほかに、ヨハネがあります。この四つはどういう関係になっているんですか。

佐藤　「マルコによる福音書」はオリジナル資料プラス、マルコによる福音書を使っています。そしてもう一つ、Q資料というものがある。これは「イエスの言行録」と呼ばれている幻の福音書です。Qというのはドイツ語のQuelle（クヴェレ＝資料）のことで、その頭文字を取ってQ資料と呼ばれています。ルカはオリジナル資料とマルコによる福音書とQ資料からできていると推定されます。そして、マルコにはない物語だけれどマタイとルカに共通している物語がいくつもあります。この三つの福音書に共通する重要な目的は、「神の国に入る」ということです。

古市　「ヨハネによる福音書」は違う？

佐藤　はい。「ヨハネによる福音書」は別系統なんです。三つの福音書を読んでいないヨハネ教団がつくったものです。こちらの目標は「永遠の命を得る」ことなんですね。

キリスト教の歴史から言うと、カトリック教会とプロテスタント教会は共観福音書を好み、正教会はヨハネによる福音書を好みます。

聖書を論理的に読んではいけない

古市　福音書が目指す「神の国に入ること」と、「永遠の命を得ること」はかなり違いますよね。その違いをキリスト教ではどういうふうに整理しているんですか。

佐藤　それは整理できません。整理できず、めちゃくちゃなものが入っているから、キリスト教は長持ちしているんですよ。たとえば国家権力と、どうつきあうか。「ヨハネの黙示録」一三章では、国家は獣で表され、「戦え！」というメッセージになっている。ところが、「ローマの信徒への手紙」一三章だと、「人は上からの権威に従うべきです」「国とはけんかをするな」とあるんです。こういうハイブリッドだと、臨機応変に使えますよね。

古市　さらっと矛盾する内容が書かれているんですね。

佐藤　さらに言うと、キリスト教ってイエスが復活することが絶対の前提です。ところが、いちばん古い「マルコによる福音書」第一六章「復活する」を見ると、イエス・キリストが復活したと明記されていません。ただ、マグダラのマリアたちが、「復活があった」と言っている若者に会ったと記されているだけです。

古市　伝聞情報なんですね。

佐藤　でも同じ章の「結び」という部分を見ると、復活が既成事実として書かれていて、そのくだりは〔　〕で括《くく》られています。この括弧は後代の加筆という意味です。だから、そもそもの復活からして曖昧なんですね。

古市　『聖書』というと、完成された聖典のイメージを持ってしまいますが、けっこういい加減なんですね。

佐藤　いい加減だから、いろんなものを詰め込めるし長持ちするんです。逆に、宗教はあまりカチッとすると、それは長持ちしません。こんなもの、論理的に絶対に読めません。まともな論理で理解できるような書物ではないんです。だから信仰の対象になるんですよ。

古市　論理的な一貫性と信仰は別物なんですね。

佐藤　おっしゃる通りです。もうひとつ例をあげると、『新約聖書』に「ヨハネの黙示録」という文書があります。「黙示」はギリシア語で「アポカリュプシス」といって、「隠されていた物事が、神によって明らかにされる」という意味です。簡単に言えば、預言者《よげんしゃ》が神の啓示《けいじ》を見聞きしたことを書いた預言の書です。「ヨハネの黙示録」が面白いのは、途中までは正確なんですが、後になるとズレてくる。なぜだと思います？

古市　改竄《かいざん》されたんですか？

佐藤　じつは「事後預言」という裏技を使っているんです。たとえば私が、二〇一〇年九月の時点で、「一九八五年、私は京都御所で幻を見た。天から一九九一年一二月にあのソ連帝国が崩壊するという声が聞こえた。二〇〇一年九月には、アメリカでたいへんなテロ事件が起きるという言葉も聞こえた」というような文書を書くわけです。

古市　なるほど。預言が当たっている部分は、過去の出来事を書いただけなんですね。
佐藤　そう。こういう書物ですから、まともにとりあってはいけないんですね。

終末遅延問題

古市　そもそも『新約聖書』ってどんなふうにできあがっていったんですか。
佐藤　簡単な歴史を話すと、最初は誰も聖書をつくる気はなかったんです。どうしてかと言うと、イエスは「私はすぐに来る」と言って天に昇って行った。だから信者は、すぐに来ると思ったんだけど、来ないんですよ。これを神学的には「終末遅延」と言います。もういまの段階だと、約二〇〇〇年遅れています。当時も、六〇～七〇年経って「もしかしたら俺たちの世代には来ないかもしれない」と真剣に心配する人たちが出てきた。それで、イエスの言行録を残さないといけないと考えたわけです。
古市　来るはずの終末が来ない。信者が離れてもおかしくないですよね。そのような信仰が揺らぎかねない時代に聖書は生まれた。
佐藤　聖書を最初につくったのは、二世紀のマルキオンという人物です。彼は、ユダヤ教つまり『旧約聖書』の神は怒ったり嫉妬《しっと》したりする低次元の神だと考えて、「ルカによる福音書」と「パウロ書簡」の一部だけを合わせた聖書をつくったんです。でもマルキオンは、当時のキリスト教の異端とされていたから、正統派は慌てていろんな文書をかき集めて、『旧約聖書』とパッケージで現在の元になる聖書を編纂したんです。

古市　マルキオンのつくった聖書はなかったことにした？

佐藤　そうです。異端ということで追放して、著作もすべて焚書《ふんしょ》にしました。Wikipediaのマルキオンの項目を見ると、彼とヨハネを描いたイコンが載っています。ヨハネは後光が差しているのに、異端のマルキオンには差していない。顔も醜くつぶれている。それだけひどい扱いを受けたということです。

古市　当時の人は、ほんとうにイエスがまたやって来ると思ったんですか？　ふつう、しばらく来なかったら、もうずっと来ないんじゃないかと考えてしまいそうですけど。

佐藤　でも、日本共産党の綱領では、未来において革命があると信じているんですよ。当面は天皇制や自衛隊を認めるけれど、究極的には理想的な共産主義社会が来る。こういうふうに、終末遅延の発想は、世俗化されたかたちで共産党にも入っているよね。

古市　終末を信じるのは、現状に対して不満があるからですか。

佐藤　そうだと思います。人間は現状に満足できない動物だということですね。あとは死を超えられないからですよ。そうすると、死に対する理由づけがほしくなる。普段は死を考えないようにしているけれど、好きな人が死んだり、自分が病気になって死を意識したりすると、死についてあれこれ考えてしまい、宗教に関心が行く。そのときに伝統宗教は、いろいろ死とのつきあいが長いから蓄積があるので、慰めになるような話がけっこうあるんです。

古市　確かに死や死後の世界を最も饒舌《じょうぜつ》に語ってくれるのが宗教ですね。

二重予定説を信じる人は強い

古市　キリスト教は、個人の死をどのように意味づけているんですか？

佐藤　人間は死ぬと、魂も肉体もいったんは滅びる。ときどき、「肉体は滅びても魂だけは残っている」と勘違いしている牧師がいるけれど、これはキリスト教とは関係ないグノーシス思想です。よく勉強していない牧師とかはそんな説教をします。

古市　違うんですね？

佐藤　いったん滅びた後、最後の審判を経て復活するんです。このときに身体と魂がよみがえるわけです。

古市　復活できる人はどうやって決まるんですか。

佐藤　大きく分けると、本人の努力がある程度影響するという考えと、生まれる前から救われる者と滅びる者は決まっているという考えの二つがあります。後者を二重予定説といって、キリスト教全体では少数派だけど、社会的には影響力の強い人が多いんです。トランプ元大統領もそうだし、私もそうです（笑）。

古市　二人にそんな共通点があったとは（笑）。

佐藤　二重予定説の人たちは逆境に強い。逆境が来ても、これを試練としか思わないからです。自分は神に選ばれているはずだ。滅びるはずがないと思っているから、絶対に諦めない。これがいい面ですね。悪く言うと、ほとんど反省しない。だから本質において傲慢《ごうまん》でつきあいにくいんです。

古市　佐藤さんが傲慢でつきあいにくいとは思いませんけど。

佐藤　二重予定説に対して、「最初から決まっているなら、何もしなくても一緒じゃないですか？」と考える人は、二重予定説が全然わかっていません。何もしなくてもいいと思っている瞬間に、その人は選ばれてないことになりますから。

古市　じゃあ、選ばれていると思うと……。

佐藤　強迫観念的に「仕事でも人生でも成功しておかないと」ということが刷り込まれるんです。なかなかそうは思えないから、人数としては少ない。でも、キリスト教の中で大きな力を持っている人の多くは、二重予定説に立つ長老・改革派の人たちです。

古市　カトリックではどう考えるんですか。

佐藤　カトリック教会は「組織に入れば救われます」が基本です。だから本人が組織に入る努力をすれば救われるんです。

古市　ロシアや東欧で信者の多い正教会はどうでしょう。

佐藤　正教会はまた違います。誰が救われるかはわからない。それは聖霊の力が働くからと考える。だから正教会で尊敬されるのは、裸で歩いて物をいつも投げて精神に変調を来しているような人です。そういう人を見ると、みんなで拝んで「神に取り憑《つ》かれている者だ」と聖人の扱いになったりします。一口にキリスト教といっても、かなり個性があるので、宗派によって全然違うんですよ。

イエスは実在したのか？

古市　『旧約聖書』の「創世記」に書かれているような、現代人からすれば荒唐無稽とも思える世界観を佐藤さんはどんなふうに捉えているんですか？

佐藤　それは簡単な話で、あの頃の人たちからはそう見えたということです。たとえば、俵屋宗達《たわらやそうたつ》の「風神雷神図屏風《ふうじんらいじんずびょうぶ》」ってありますね。風神が風を起こし、雷神が雷を起こす。当時の人はそういう世界像で台風や雷鳴の現象を理解した。現在の我々が描いている宇宙像も同じです。アインシュタインですら、「神はサイコロを振らない」と言って、量子力学を認めることができませんでした。

『旧約聖書』の時代は、その時代の世界像で事物を理解しています。だから、それと進化論がどう矛盾するかなんていう問題の設定自体が間違っているわけです。

古市　イエスが実在したかどうかは、どういうふうに考えられているんですか。

佐藤　一八世紀から一九世紀にかけて「史的イエスの探究」という運動がありました。客観主義や実証主義の方法を用いて、イエスという男がいつ生まれて、どこで何をやったかということを確定しておこうとしたわけです。結論を言えば、アルベルト・シュヴァイツァーが決着をつけました。「イエスという男が一世紀にいたかは実証できない。不在も実証できない」と。

古市　シュヴァイツァーは、一九世紀後半に生まれ、二〇世紀に活躍した神学者ですね。

佐藤　そうです。ここから二つの流れが生まれて、一方には実証できないならおそらく実在しないと考え、宗教批判を展開する人たちがいます。哲学者のフォイエルバッハやマルクスがこの流れに入ります。それに対して、「ナザレ周辺にイエスをメシアとしてあがめる一群の人々がいた」ことまでは実証できることから、『新約聖書』の本来の性格は、歴史報告ではなく、宣教の内容にあるという流れがあります。近代神学はこちらの流れを受けて発展していったんです。

キリスト教の人間観

古市 キリスト教は愛の宗教であるはずなのに、キリスト教の旗のもとでさまざまな戦争が起きたのはどうしてですか。

佐藤 それは神学的にきわめて自明で、人間に原罪があるからです。罪が形をとると悪になり、悪が人格化すると悪魔になります。『新約聖書』に入っている「ローマの信徒への手紙」のなかで、パウロは「わたしは自分の望む善は行わず、望まない悪を行っている」と語っています。望んでいないことをやっているから、自分の意志ではない。あらゆる人間に原罪があって、どうあがいても悪いことをしちゃうんだとパウロは言っているわけです。原罪がある以上、地上の世界で悪いことがあったり、戦争があったりするのは当たり前の話なんですね。

古市 人間だからしようがないという発想なんですね。キリスト教は、人間にあまり期待しないんですか。

佐藤　教派や神学者によって異なりますが、カルバン派の影響を強く受けた私の場合、まったく期待しません。だから、聖人もインチキに決まってます。柱の上にずっと座って生活をしていましたということが、どうして伝わるのか。「そういう聖人は売れる」と考えてパブリシティをやったからですよね。

古市　聖人にも期待しない？

佐藤　われわれ神学を勉強した人間は、そういう醜いところまで織り込んで聖人を見ています。これは、聖人を生み出す側、つまり生産者側の論理なんですね。生産者側の論理だから、消費者にはそれを言わないんですよ。

古市　佐藤さんは、きちんと裏側を理解したうえでキリスト教を信仰しているんですね。

佐藤　神学を学んだことで信仰から離れていっちゃう人もいるんだけど、私は逆にそれで信仰が強くなりました。そんなもんだと思っていれば、それほど深い絶望もしないし、何かあったときには「これは試練だ。俺は絶対に選ばれているから、こけることはない」と開き直れます。実際、東京地検特捜部に捕まっても、社会的に復活できましたから。

古市　キリスト教は悪に対する耐性があるのかもしれませんね。

佐藤　そう思います。キリスト教自身が、悪いことをたくさんしてきたことはわかっていますからね。どんなに信仰の篤い人でも、キリスト教の過去の歴史をすべて肯定することは無理です。それなのに、なぜ自分はキリスト教徒なのかということを常に考えないといけないんです。

古市　十字軍など他宗教への迫害が繰り返されてきました。

佐藤　私の場合は旧共産圏のキリスト教が専攻だったから、キリスト教徒になっても何の得もしない人たちを研究していたし、社会主義時代のキリスト教徒たちとも交流がありました。たしかに何の得もないんだけど、本気で信じているとその人たちは強くて、ソ連を崩壊させるぐらいの力がありました。それだけ宗教の力はすごく強いと同時に、誤使用されたらとても怖い。だから、悪の正体を見据えることが重要なんです。

第2回

ロシア正教

なぜツァーリは絶対的な力を持つのか

三浦清美《みうらきよはる》

早稲田大学教授。一九六五年生まれ。ロシアのサンクトペテルブルク国立大学研究生、電気通信大学教授などを経て現職。専門は中世ロシア文学・宗教史。著書に『ロシアの源流』（講談社選書メチエ）、『ロシアの思考回路』（扶桑社新書）など。訳書に『中世ロシアのキリスト教雄弁文学（説教と書簡）』『中世ロシアの聖者伝（一）』（以上、松籟社）などがある。

偉大なる代理人!?
ロシア正教
ヤングみやざき
あの
玉ねぎは…?
ロシア正教
大聖堂…
ロシア正教
○○大聖堂
あー
「キリスト教」
ね
ばっか
もーん!!
ずどっ
わ
西のローマ・
カトリックと
東の正教…
ひとくくりに
するんじゃ
ない…
だ
誰!?
余は
ロシアを
統べる者…
王様?
フム…
大公 皇帝 大統領
ロシアの歴史上
いろんな呼び方が
あったな…

そもそもロシアは…この辺にいた東スラブの民が
ノブゴロド
キエフ
おねがいしまーす
しょーがねーな〜
ヴァイキングに統治を依頼してはじまった
黒海
コンスタンティノープル
ヴァイキング！
で…しばらく後の首領ウラジーミル
彼がロシアにギリシア正教を取り入れた
988年
ビザンツから取り入れる
正教…
ギリシア正教ってのは東のキリスト教
イコンの使用
暦が違う
ラテン語以外（スラブ語）の使用
西のローマ・カトリックとはいろんな違いや行き違いから対立してた
この違いが馬鹿にできんのよ…
東
西
この対立がず――っと続くんだから…
ええ…
いろいろ違いはあるが…
大きいのはここ！
西のローマ教皇は世俗の王とは別に君臨していたが…
正教では皇帝と総主教が密接につながっていた！
なんなら皇帝の下にいた！
ビザンツ皇帝
総主教
おお…？

つまり…
皇帝は神の代理人《アウトクラトール》!
どーん!
すごいこと言った!
最初ロシアはビザンツ帝国の下だったが…
ロシア
ビザンツ
あとはまかせた…
ビザンツ滅亡後神の代理人の役はロシアのもとへ!
スラブの素朴な農民たちは
正教の美しい典礼に心酔する一方
森の中の修行僧を聖人視したり…
土着の文化も混ざっていき…
荒野修道院創設運動の父 聖セルギイ
独特なロシア正教ができていった
その頂点に君臨するのが神の代理人皇帝《ツァーリ》!
皇帝《ツァーリ》
総主教
修道院
農奴
神から民衆までのこの連帯がガッチリ組まれたわけだ
ズオオオオオ…
ドドドドド…
ワー
ワー

西のカトリック
東のモンゴル…
ドドドド…
ワー
ワー
ワー
ロシアは
何度も攻められて
きた
外敵とは
雄々しく戦い…
自国の民には
慈悲深い
偉大なる父
ドン
ワー
パン
ワー
これがロシア人に
とっての指導者《ツァーリ》
なのだよ
時代が巡っても
そこだけは
変わらなかった
…
ヒュン
バチッ
イテッ
彼らにとって
西欧キリスト教との
戦いはいまだに
続いてるんです！
ババッ
三浦です
こちらへ！
ドドワードド
ロシアの心
ロシア正教のこと
詳しく話しましょう
カン

カトリックとギリシア正教の違い

古市　ロシア正教を学ぶうえで、『アヴァクーム自伝』が重要とのことです。ただ存在自体があまり知られていない本ですよね。『アヴァクーム自伝』は一言で言うとどういう本なんですか。

三浦　一七世紀後半のロシアで書かれたアヴァクームという人物の自伝です。アヴァクームは、当時のロシア正教から弾圧された「古儀式派《こぎしきは》」という一派の重要な論客でした。

古市　古儀式派というのはどういう宗教グループなんですか。

三浦　それを説明するには、ロシアの歴史を少し紐解《ひもと》く必要があります。まず九世紀に、現在のキエフ（キーウ）を中心とした地域に「キエフ・ルーシ」という国が建国されました。

古市　ニュースでもよく聞く名前です。教科書的には、東スラブ人最初の国家ですね。東スラブ人は、現在のロシア、ウクライナ、ベラルーシの共通の祖先とされます。

三浦　このキエフ・ルーシが、九八八年にキリスト教を受け入れるんですね。ただ、このとき受け入れたのはカトリックではなくて、ビザンツ帝国のキリスト教であるギリシア正教でした。

古市　カトリックとギリシア正教ではどういう違いがあるんですか。

三浦　違いはいろいろあります。たとえばカトリックのほうは、典礼《てんれい》の言語はラテン語に統一されていますが、ギリシア正教では民族の言葉で典礼することが許されていました。

古市　儀式の言語が違うということは、信仰内容やお祈りの仕方もかなり違った？

三浦　そうですね。根本的なところでは、イエス・キリストの捉え方が違います。もともとカトリックもギリシア正教も、キリストの絵をよく描いていました。ところがそれを知ったイスラームが、完全なる尊い神を絵に描くとは何事かと非難するんです。イスラームでは神の絵を描くことは厳しく禁じられていました。

古市　いわゆる偶像崇拝の禁止ですね。

三浦　東方のビザンツ帝国は、当時の先進国なので、この批判を真剣に受け止めたんですね。それで一部の皇帝は神の画像を次々に壊していくんです。一方で、聖画像を擁護する一派も出てきたため、国を二分する内乱にまで発展してしまった。結局、この論争はキリスト教の原点に立ち返ることで決着しました。つまり、神としてのキリストは絵に描くことはできないけれど、人間としてのキリストは描くことができるので、積極的に描くべきだということになったんです。

古市　なるほど、きちんと理屈を立てたんですね。

三浦　その結果、ギリシア正教を受け入れたキエフ・ルーシやその流れをくむロシアでは、西欧のキリスト教とは違う信仰の感覚を持つことになりました。彼らは頭では、キリストは神であると同時に人間であると理解しますが、感性では、キリストが人間であるという感覚が西欧より強いんですね。

キエフ・ルーシがギリシア正教を選んだ理由

古市　どうしてキエフ・ルーシは東方のギリシア正教を受け入れたんですか。他の宗教を採用する可能性はなかったのでしょうか。

三浦　じつはトップのウラジーミル聖公は、ユダヤ教、ローマ・カトリック、ギリシア正教、イスラームという四つの宗教から誘いを受けていました。それで自分のほうから四つの宗教に調査団を派遣したんです。そうやってしっかり調べてギリシア正教がいいと決めた。神の儀礼が非常に美しいからだというのがその理由です。「儀礼のときに、私たちは天上にいるか地上にいるかわからなかった。だからこの宗教がいい」という調査団から報告を受けて、ウラジーミル聖公はギリシア正教を受け入れることに決めたわけです。

古市　きちんと調査団を派遣したんですか。調査団はギリシア正教の儀礼のどのあたりに惹かれたんですか。

三浦　歌ときらびやかな聖具を使っているところだと思います。現世のキリストは惨めな敗北者として死ぬけれども、復活がキリストの勝利になる。その勝利を演出するのが儀礼なんですね。だから、きらびやかな祭具を使うとか、威厳あるしぐさで香炉《こうろ》を振ったり十字を切ったりすることが大きな演出効果をもたらします。あとは、その中で流れる音楽ですよね。西欧のキリスト教はオルガンなどの楽器を使いますが、ギリシア正教は人間の声しか音として使ってはいけないことになっている。ある種の総合芸術としての儀礼が、調査団を引きつけたんでしょう。

古市　キエフ・ルーシが九八八年にギリシア正教を受け入れて以来、ロシアはずっとギリシア正教を信仰しているわけですね。

三浦　基本的にはそうなんですが、ロシアのキリスト教はそれ以前のスラブの異教と融合して、独自の慣行が根付いていった側面もあるんです。それが大問題になるのが、一七世紀に成立したロマノフ朝の時代です。

古市　時代が随分と下りましたね。

三浦　また少し、歴史をおさらいしておきましょう。ロシア史では、九世紀にリューリクという人物がノブゴロドで建国して以来、キエフ・ルーシ、モンゴルによる間接支配、モスクワ大公国と移り変わっても、リューリク朝は途絶えることはありませんでした。リューリクの血を引いた者しか、ルーシ（東スラブ人による政治共同体）の支配者にはなれない。そういう時代が七〇〇年続きます。この七〇〇年はいわば万世一系だったんですね。

古市　へぇ。そんなに長く続いていたんですか。

三浦　それがイワン雷帝の時に途絶えてしまいます。

古市　一六世紀の人物ですね。一五四七年にツァーリ（皇帝）を称しています。

三浦　イワン雷帝は、妃のアナスタシアが亡くなってからおかしくなってしまった。恐怖政治を始めて、人格的にもすぐれた息子を殴り殺してしまう。そういう混乱のなかで、一五九八年に万世一系のリューリク朝は途絶え、「スムータ」という大動乱の時代が始まります。さながら戦国時代です。

古市　日本ではちょうど戦国時代が終わり、江戸時代が始まろうとする時期ですね。

三浦　この動乱の時代は二〇年くらい続きました。一時期はポーランド軍にモスクワを占領されてしまいます。ちなみにモスクワが外国人に占領されたのは、ロシアの歴史でもこのときの一回だけです。もう一回ナポレオン戦争の時がありますが、この時はロシア人が自発的に町を焼いて戦略的に放棄しましたので、占領ということとはちょっと違いますね。何とか混乱を収束させて一六一三年に成立したのがロマノフ朝国家です。

古市　話が戻ってきました。このロマノフ朝はどんな王朝なんでしょうか。

三浦　ポーランドを追い払った民衆の義勇軍が会議を開くのですが、ツァーリ専制を選ぶんです。そこで選ばれたのが、ミハイル・ロマノフです。万世一系は途絶えているわけで、共和制になる可能性もあったのですが、民衆がツァーリを望んだんです。

古市　このロマノフ朝で宗教上の大問題が起こったんですね。

三浦　ロマノフ朝第二代のツァーリであるアレクセイ・ミハイロヴィチは、ロシア正教を軸に国家を再建しようとしたんです。さきほど言ったように、ロシア正教はスラブの異教とまじったので、当時の国際標準であるギリシア正教とは違う儀礼になっていたんですね。

古市　なるほど、同じ正教会ではあるけれど、国際標準とは違う？

三浦　たとえば西欧諸国もギリシアも、十字を切るのは三本指です。この三本は父、子、聖霊をあらわしています。それに対してロシア正教は二本指で十字を切っていた。こちらはキリストの神性と人性をあらわしているんです。

古市　十字の切り方でも流派があるんですね。

三浦　アレクセイ・ミハイロヴィチに連なるツァーリ側は、二本指で十字を切るようなロシア独特の教会儀礼を変革し、国際標準のギリシア正教会に合わせようとしました。しかし、それに反発するグループが出てきます。ロシア正教の古いやり方に忠実であるべきだ。そう考えた一派を「古儀式派」といいます。

古儀式派を切り捨てたことが西欧化を準備した

古市 ようやく冒頭で聞いた「古儀式派」の話に戻ってきましたね（笑）。

三浦 『アヴァクーム自伝』のアヴァクームは、この古儀式派の論客です。古儀式派は、自分たちこそが正しいキリスト教の伝統を保っているという矜持《きょうじ》がありました。その主張にはそれなりの根拠があります。

古市 根拠というのは？

三浦 ツァーリ側は、国際標準の儀礼に合わせることで、ロシア皇帝が正教勢力の盟主になるんだという思惑があった。しかし、アヴァクームら古儀式派に言わせれば、それは正教の正しい伝統に対する裏切りにほかなりません。

両者は激しく対立してしまいます。アレクセイ帝はなんとか古儀式派のほうに納得してもらおうと思って、根気強く説得を試みる。その働き掛けの様子は『アヴァクーム自伝』

の中にいっぱい書かれています。アヴァクームは、皇帝の気持ちはありがたく思うものの、主張は絶対に変えないんですね。結局、アレクセイ帝はアヴァクームたちを投獄してしまいます。投獄された地でアヴァクームは、自らを正義の殉教者と捉えて、聖者伝の形式で人生を回顧する文章を書き記した。それが『アヴァクーム自伝』です。

古市 そんな状況下で書かれた自伝なんですね。具体的にどんな内容なんですか？

三浦 古儀式派が正しいという主張とともに、自らの生い立ちから始まります。司祭だったときに、若い女性の懺悔《ざんげ》を聞いて情欲の発作に襲われたということを苦渋に満ちて告白しています。妻子とともにシベリア流刑されたさいの苦難なども書かれています。

古市 アヴァクームは最後はどうなるんですか。

三浦 アレクセイ帝が一六七六年に死んだ後、一六八二年に火刑に処されました。

古市 論争として勝ったのも、古儀式派ではなく国際標準派ですか。

三浦 そうです。皇帝がついていますからね。

古市 その後、ロシア正教が国際標準に合わせるようになったことで、ロシア全体で変化はあったんでしょうか。

三浦 じつは当初の狙いとは逆に、政治の脱宗教化が起きるんです。リューリク朝の時代は、宗教と政治は完全にオーバーラップしていました。ロマノフ朝も始めこそロシア正教を軸にして国づくりをしようとして、二本指か三本指かにこだわったわけですが、結局国際標準に合わせることによって、西欧化が進んでいくんです。宗教にとらわれていては、国づくりは進まないという意識になったんですね。

古市　どうして西欧化が進んでいくんですか。

三浦　三本指で十字を切るのは西欧も同じです。ですから、二本指で十字を切る古儀式派の儀礼は、西欧文化に背を向けることでもありました。その古儀式派を切ったことで、西欧化に対する足かせがなくなったんじゃないでしょうか。

ピョートル大帝は宗教を蹂躙して支配下に置いた

古市　一六〇〇年代のヨーロッパは世俗化と科学革命の時代でした。

三浦　アレクセイ帝の息子であるピョートル大帝は西欧化政策を進めていきます。アレクセイ帝が古儀式派を切らなかったら、西欧化は難しかっただろうと思います。その意味で、ピョートル大帝の飛躍の地ならしをしたのがアレクセイ・ミハイロヴィチでした。

古市　非常に逆説的なことが起きたんですね。

三浦　そうですね。アヴァクームが火刑に処せられるなど、宗教的な争いで凄惨な犠牲者をいっぱい出した。しかし、それがロシアの国にどういう影響を与えたかというと、次の時代のピョートル大帝の西欧化という飛躍の準備をしたという見方はできると思います。

古市　じゃあピョートル大帝は、あまり宗教を重視してなかったんですか。

三浦　重視してないというより、蹂躙《じゅうりん》して支配下に置いたという感じです。宗教をばかにするパレードとかやってるんですよ。ただ、ピョートル大帝の西欧化といっても、下層部の民衆レベルではあまり変わってないんですね。だけど、貴族層以上が西欧化するので、上層階級と下々の者の間で社会の分断が起きるわけです。はっきり言うと、非エリートの人びとの宗教的な意識は中世からそんなに変わりはないんじゃないかと思います。そういう社会構造は現在まで続いているような気がしますね。

古市　二〇世紀に共産主義国になって宗教を排除した時代も、社会構造は変わってないんですか。

三浦　宗教を排除したというよりも、ロシア正教から共産主義という宗教に変わったというだけで、社会構造はそのままだったと思います。

古市　共産主義という宗教を信じていたんですね。共産主義時代に、ロシア正教の教会はどういう扱いを受けたんですか。

三浦　穀物の倉庫にされたり、それはひどい扱いを受けました。ただ民衆は、合法的ではなかったけれども、隠れて信仰していたようですね。

古市　そうか。表向きは共産主義だったけれど、日々の慣習としてはロシア正教が残っていた。だからソ連崩壊後も、すぐにロシア正教が復活したんですね。

ツァーリは神の代理人

古市　ロシア皇帝を意味する「ツァーリ」ってどういうイメージで捉えればいいでしょう。

三浦　さきほど九八八年に、キエフ・ルーシが東方の正教を受け入れたという話をしましたね。そのこととツァーリというロシアの統治者観にはつながりがあります。

東方正教では、神であるキリストが人間になったことの恩寵《おんちょう》を強調します。神が人間になってくださった。だったら罪深い人間も、自らの救済のために神になる努力を惜しんではならないという思想が強いんですね。その思想がツァーリにも反映されています。

古市　ツァーリ側も神になるために身を削るような努力が必要なんですね。

三浦　ロシアのツァーリとは、いわば地上における神の代理人であり、人間である神のような存在なんですね。西欧のキリスト教は、宗教的権威をもつローマ教皇と、世俗的権力をもつ王が棲み分けられていました。しかし東方正教では、天上の神の地上における唯一の代理人であるツァーリが君臨するだけです。そのツァーリは、キリストに対してはふつうの人間であり、僕《しもべ》として仕えますが、人間に対しては神として君臨するんです。

古市　宗教的権威と世俗権力の両方を兼ね備えている。

三浦　こういう統治者観は、選挙で大統領を選ぶ現代のロシアにも、脈々と息づいています。だから国民も、指導者に絶対的な力を持つ神の代理人を求める意識が強いんですね。さきほどのアレクセイ帝も、まさに神の代理人として古いロシアと新しいロシアの間に立って、国の安定と人々の融和のために超人的な努力をしたツァーリです。

古市　神の代理人が皇帝から共産党、ある時期はスターリンへと変わってきたわけですね。現在のプーチン大統領に対しても、国民は神の代理人という感覚で捉えているところがあるんですか。

三浦　そう思います。プーチン大統領はイワン雷帝とよく似ている感じがしますね。イワン雷帝は治世の前半は非常に首尾よく統治を進めました。プーチン大統領もそうですよね。しかしさきほど話したように、イワン雷帝は途中でおかしくなってしまった。プーチン大統領も、二〇一一年末の大規模な反政府デモのあたりから調子がずれ始めて、その後、二〇一四年のクリミア併合があり、コロナで完全に別の方向に進んでいった感じがします。クリミア併合は成功し過ぎたんですね。成功し過ぎたから何でもできるのではないかという期待が生まれた。そこにコロナが来て経済が麻痺し、これからどうなってしまうんだろうというときに、前回の成功体験から突っ走ってしまった。それが今回のウクライナ侵攻だった気がします。こういうところが、ロシア人が根本的に抱える悲劇性なんじゃないかと思います。広大な国土から来る「無限」の感覚があるから、止まるべきところで止まることができないんです。中庸というものがものすごく難しいのです。狭い国土でぶつからないように気を遣いながら暮らす日本人と一番異なる点かもしれません。

古市　ロシア側の目線では、ウクライナとロシアはほとんど一体だったわけですよね。

三浦　どちらもロシア正教系ですからね。ただ、ロシア正教との付き合い方でいうと、ロシアとウクライナとではかなり差があります。

ロシアは言ってみれば原理主義です。ギリシア正教も含めて正教文化はカトリックとまったく違う文化で、それを正統的に継承しているのが自分たちロシアだという意識が強い。やっぱりツァーリが正統性を担保しているという感覚があるんですね。

古市　一方のウクライナは?

三浦　ウクライナは、正教に対してそこまで強い意識はありません。西欧文化もピョートル大帝の改革以前から受け入れていました。歴史的には、ウクライナが西欧文化を受容するやり方をモスクワが学んでピョートル改革につなげていったという流れがあるんですね。

ロシア人の終末意識

古市　同じ正教でも、ウクライナとロシアで教義や儀礼の違いがあるんですか。

三浦　儀礼の違いはありません。ただ、西ウクライナでは、見た目は正教と同じですが、ローマ教皇の首位権を認めるユニエイト教会が主流です。これはモスクワからすれば、絶対に許せない。別の宗教だと思っているでしょう。そういう対立もウクライナ侵攻の背景にはあると思います。

古市　現代のロシア人はどのくらいの信仰心を持っているんでしょうか。

三浦　ロシアはいつ終末が来てもおかしくないとドキドキしているところがあるんですよ。それはロシア正教がずっとビザンツ暦を使っていることと関係します。ビザンツ暦では、西暦紀元前五五〇八年のどこかで天地創造が起こったと考えるんですよ。一週間が七日で終わるように、一〇〇〇年を七回繰り返した天地創造暦七〇〇〇年、つまり西暦一四九二年に世界の終末が来ることになっていたんです。その終末に向かって準備をしなきゃいけないと、中世ロシアの文献にはいっぱい書かれています。それ以来ロシア人は、いつ終末が来てもおかしくないと捉えているところがあるんです。

古市　その終末観が現代まで続いているんですか？

三浦　たとえば、二〇一二年に世界は滅亡するという古代マヤ文明の暦があるんですね。それを真に受けてロシアでは社会不安が起こり、プーチンが「世界が終わるのは太陽の寿命が尽きる四五億年先だから、おそれることはない」といったコメントを国民に向かって言っているんです。だから、そのプーチンが核兵器を使うかもしれないとなると、ほんとうに不安でしょうがないでしょうね。

古市　いよいよ終末かと思ってしまうわけですか。

三浦　そういう意識はあるでしょうね。日本人の感覚だと、しっかり計画を立てて、計画通りに実行できる社会環境がそれなりに整っていますが、ロシアにそうした安定感があるかは、たいへん心もとないです。特にソビエト崩壊直後のロシア人は、明日何が起こるかわからないという意識がものすごく強かったと思います。明日何が起こるかわからない、すべては神の御心のままである。ロシア人の信仰心は、そういうところに根差しているんだろうと思います。

第3回

『コーラン』

イスラム教の世界観とは

飯山陽《いいやまあかり》

麗澤大学客員教授。イスラム思想研究者、アラビア語通訳。一九七六年生まれ、東京都出身。上智大学文学部史学科卒業。東京大学大学院人文社会系研究科アジア文化研究専攻イスラム学専門分野博士課程単位取得退学。博士（文学）。著書に『イスラム教の論理』（新潮新書）、『イスラム2・0』（河出新書）、『イスラム教再考』（扶桑社新書）、『エジプトの空の下』（晶文社）などがある。

わかる？　わからん？
イスラム教
ヤングみやざき
ニカーブやヒジャーブ
規則正しい人々の礼拝…
メッカへの巡礼…
ぐーるぐる
なんか…イスラム教って
よくわからん
なんですと…
ゴゴゴ
聞き捨てならん!!
おわぁ
ゴババア
だ・誰…？
私は一介のラクダですが…
まぁ…わからないと言うのも
わかる！
？
なぜなら…
西洋の考え方とぜんぜん違うから!!
ガッ
そうなの？
まずは知ってもらいましょう…
イスラム教のこと…

7世紀のアラビア半島
ゴォ…
砂漠の商人ムハンマドの元に
天使が現れ…
誦《よ》め!!
誦《よ》め!!
何を…?
神の言葉だよ
神の言葉を広めなきゃ!
とムハンマドは思った…これが始まり
当時のアラビア半島は主に多神教
カアバ神殿
いろんな神像が祀られていた
ここに
神はアッラーだけなんです
とぶっこんだので…
めちゃくちゃ迫害された
対抗するには武力が必要だった
うおーー
ワー
ドドドドド
神も戦えと言っている!
え
神様がそう言ったの?
そう
イスラム教は教義の中心に

アッラーを信じない者と戦え！
という思想が入ってる
それは唯一絶対のアッラーの
QURAN《コーラン》
絶対の言葉…
「正しい教え」を武力で広めるのは神の意志
イスラム教はその求心力で一気に広がった
メディナ
メッカ
神への絶対の服従…
神
服従《イスラーム》
そうそれが
多様な人種
神の前での平等な社会を生みもしたけど…
アッラーを信じない者への厳しさにもつながった
外から見るとユダヤ・キリスト教も同じ神からの言葉を伝える宗教だが
セム系民族
アブラハム
アラブ人
ユダヤ人
モーゼ
ユダヤ教
キリスト
キリスト教
彼らとしては
「神の言葉を間違って伝えている！」
ってことになる
なんせ神の言葉が掟だもんね…

でも…
ムハンマドの時代の掟がずっと通用するもんなの?
7世紀の砂漠
そう!
だから後の人々はいろいろ工夫して…
法学者
神の言葉を典拠としたイスラム法
うまーくうまーく掟を運用してきたわけよ
まぁまぁまぁ
イスラム法の解釈にはハバがあるから…
おお…
カッ
言ってみれば
?
中心にある神の言葉の
パワーが強すぎる!!
神の言葉
バチッ
ビビビ…
ので…識者がうまーく現実に対応してやってきた…と
これを形骸化と見るか
人間の知恵と見るか…
でもね
その状況が変わりつつあるのが現代…
ザ
誰!?
飯山です
よしよし
誰でも原典にアクセスできる時代のイスラム教
お話ししましょう

イスラム教徒にとっての『コーラン』

古市　飯山さんは「『コーラン』ってどんな書物ですか？」と尋ねられたら、どう答えますか。

飯山　イスラム教徒ではない人間にとっては「イスラム教の聖典」ですけど、イスラム教徒にとっては神様の言葉そのものです。

イスラム教徒の目線で語ると、これまで神はユダヤ教やキリスト教などいろいろな宗教を人間に授けてきて、その最終段階がイスラム教だって考えるんですね。だから『コーラン』に書き留められている神のメッセージは、全人類に向けたものであり、全世界の全人間に届けることが自分たちの使命だということになります。

古市　『コーラン』は何語で書かれているんですか。

飯山　アラビア語です。なぜかというと、神の言葉を授けられたことになっている預言者のムハンマドがアラブ人だったからです。ムハンマドがわからない言語を預けても意味が伝わらないので、神様はアラビア語で『コーラン』をくだしたということになっています。翻訳も昔からたくさんあるんですが、翻訳はあくまでも『コーラン』の意味内容をアラビア語がわからない人間に伝えるためのものであって、『コーラン』そのものではないというふうに考えられているんです。

古市 だとすると、ほんとうの意味で『コーラン』を読みたかったら、アラビア語で読まないと意味がないんですね。

飯山 そうなんですよね。ほとんどの人は読めなくなってしまいますけど……。

古市 現在のイスラム教徒は『コーラン』を読んでいるんですか。

飯山 じつはイスラム教徒のマジョリティはアラブ人ではないんですね。つまりアラビア語がわからない。たとえばインドネシアには二億人以上のイスラム教徒がいるんですが、特別なトレーニングを受けた宗教指導者以外はアラビア語を読めません。

古市 『コーラン』には日本語訳もあります。ほんとうの意味で読んだことにはならないかもしれませんが、簡単に読み通せるものですか。

飯山 それも結構困難だと思います。『コーラン』は神の奇跡そのものとして理解されていて、読んでも意味不明なことがたくさん書かれているんです。『旧約聖書』に書かれているようなアダムの話やモーゼの話も出てきますけど、それは一部で、あとは遺産相続のルールとか、異教徒と戦わなければいけないという話とか、いろんな話があっちこっちに飛んでいる。しかも突然、謎の文字が現れたりしますし。

古市　お勧めの読み方はありますか。

飯山　『コーラン』は一一四章あって、第二章から第一一四章までは基本的に長い章から短い章というふうに並んでいます。第一章は「ファーティハ（開端章）」というイントロダクションのような章ですごく短いので、まず第一章を読んでみるといいかもしれません。この章にはイスラム教の基本が凝縮されて書かれているし、イスラム教徒が礼拝するときにはこの章を必ず唱えるんですね。だからアラブ人以外のイスラム教徒も、第一章だけは意味がわからなくても暗唱できるんです。

古市　たしかに第一章だけならそれほど長くないですね。

飯山　逆に言えば、第一章をアラビア語で唱えられる人間はイスラム教徒だとみなされる。たとえばイスラム過激派がテロを起こして人質を取ったとき、「お前はファーティハを言えるか」と唱えさせて、言える人間は釈放したという事例も複数あるくらいです。

そのくらいイスラム教徒にとって大事なことが書かれている章なので、まず第一章を読んでみるのがいいと思います。その後、長い第二章をちょっと読んでみる。「長い！」と思ったら、後ろのほうの短い章を眺めると、なんとなく雰囲気はわかるかもしれないですね。

イスラム教の天国は男目線

古市　イスラム教では偶像崇拝が禁止されていますけど、それはなぜですか。

飯山　イスラム教の根幹に、神だけを信仰しなきゃいけないという教えがあるからです。イスラム教では神のことをアッラーといい、「アッラー以外に神はない」というのは、『コーラン』全体に通底する一番重要なメッセージだと言っても過言じゃありません。だからアッラーに並び立つようなものを崇拝しちゃいけないんですね。

古市　最近ではYouTuber説教師も人気だと聞きます。そのような説教師に熱狂するのはいいのでしょうか。

飯山　それは全然いいんです。説教師を信仰しているわけではなく、説教師を介して神を信仰しているわけですから。

古市　イスラム教には、一日五回の礼拝とか断食とか、いろいろやるべき戒律があるじゃないですか。そういうことが面倒くさくて嫌になったりしないんですかね。

飯山　人によりけりで、嫌になっちゃう人はいっぱいいるんですよ。断食中は、すごく暑いのに水一滴も飲んじゃいけない。それで嫌になって、途中でやめる人もいます。やめたからって表立っては言いませんけどね。

古市　全員が厳密に教えを守っているわけではないんですね。

飯山　一方で、そういう日々のお祈りや断食を積み重ねることによって、一歩一歩天国に近づいていくというのが、イスラム教の信仰なんですね。みんな、天国には行きたい。だから若いときは礼拝をサボったり酒を飲んだり、めちゃくちゃな生活をしていた人が、年をとってだんだん死が近づいてくると、「このままだと地獄に行くかも」と思って、急に熱心に祈り出すようなケースもあります。こんなふうに、一人の人生においても、どれぐらい真面目に信仰を実践するかというのはけっこう変わるんです。

古市　『コーラン』では、天国ってどのように描かれているんですか。

飯山　たとえば、お水やミルク、お酒が流れている川があるとか、おいしい果物がなっているとか、私からするとちょっと退屈だと思うんですけど、『コーラン』の啓示がくだされた七世紀のアラブ人の気持ちからすると、最高の理想郷なんでしょうね。あと、『コーラン』って基本的に全部男目線なので、死ぬとフーリーっていう目が大きくて可愛い純潔の乙女が奉仕してくれることになっているんですよ。そういう描写も、七世紀当時のアラブ人男性を惹きつけたんだと思います。

古市　『コーラン』は、キリスト教などほかの宗教とはどういう関係にあると考えたらいいいんですか。

飯山　イスラム教は、これまでも神様はたくさんの預言者に預言を授けてきたと考えるんですね。

　有名なところでは、モーゼにいわゆる十戒を授けた。イエスにも預言を授けた。ですからイスラム教においても、『旧約聖書』や『新約聖書』はいちおう啓典《けいてん》なんです。だけど、神がイエスに授けた言葉が完璧だとしたらイスラム教はいらないわけですよ。イスラム教的には、神はモーゼやイエスにも啓典を授けたけれど、その後のユダヤ教徒やキリスト教徒が神の啓示を歪めてしまったから間違っていると考える。その意味で、ユダヤ教やキリスト教は不完全なバージョンなんですね。それを完全なかたちで神がくだした最終形態が『コーラン』なんだというわけです。

古市　『コーラン』に登場するイエスは、神の子じゃないんですよね。

飯山　そうですね。イスラム教では、神様に子はいませんから。結婚しないし、色や形ももたない。イスラム教では、神は空間や時間を占めないことになっているんですね。ですから、イエスは神の子だという考えや、父なる神と子なる神イエス、聖霊の三者は本来一体だという三位一体説《さんみいったいせつ》も否定されます。

『コーラン』はどのように成立したか

古市　そもそも『コーラン』ってどういうふうに成立したんですか。

飯山　イスラム教では、預言者ムハンマドが現世に嫌気がさして洞窟に籠って瞑想をしている最中に、急にガブリエルという天使が現れ、ムハンマドをおさえつけて、神の啓示をくだしたとされています。それを聞いたムハンマドはびっくりして家に帰り、奥さんや周りの人に、「今日、こんなことを言われた」と話すわけです。やがてムハンマドも、それが神の啓示であることを確信して、預言者として人びとにそれを伝えていきます。ムハンマドを介して伝えられた神の言葉が周囲の人びとによって書き留められ、まとめられて成立したのが『コーラン』です。

古市　『コーラン』の第一章から順番に啓示は与えられたんですか。

飯山　順番は違っていますね。第一章が最初にくだされたわけではなく、第九六章が最初の啓示だとされています。

古市　キリスト教だと、聖書考古学のように、科学的に聖書の成立を研究するような取り組みがあります。イスラム教でも客観的に成立過程を調べるようなことはしていますか。

飯山　ないですね。神の言葉を疑うことはイスラム教の信仰に反しますから。私がいま説明したような『コーラン』の成り立ちであるとか、『コーラン』が神の言葉そのものであることを疑うことはイスラム教徒にはできません。それを疑っちゃうと、イスラム教徒でないことになってしまいます。

古市　キリスト教の場合は、キリスト教徒であってもそういう研究をする人はいると思うんですが、その違いは何なんでしょうね。

飯山　いわゆる啓蒙思想の影響をイスラム教は受けていないからでしょうね。一四〇〇年前の神の啓示を現在に至るまでまるごと受け入れているのがイスラム教ですから、宗教改革や啓蒙思想を経てきたキリスト教の今のあり方とは非常に大きく異なります。

イスラム過激派のテロがなくならない理由

古市　『コーラン』で書かれていることと、現代社会のさまざまなルールとの齟齬《そご》やギャップがあると思うんですけど、信者はそれをどう解決しているんですか。

飯山　いろんな人がいます。アルカイダやイスラム国、タリバンなど、イスラム原理主義と言われる人たちは、『コーラン』に書かれていることが文字通り正しいと考えるんですね。だから、いまの世の中は当時と状況が違うから、考えや解釈を変えていきましょうという発想にはなりません。

古市　『コーラン』の時代から一四〇〇年経っているから解釈を変えていこう、とはならないわけですね。

飯山　一方で、歴史を振り返ってみると、『コーラン』や預言者ムハンマドの言行録である『ハディース』にもとづくイスラム法を司ってきた学者たちの大半は、時代に合わせてわりと緩い解釈をしてきました。つまり、啓示の文言をそのまま適用することより、社会にいさかいが起こらないようにしたり、社会の安定を保つことを重視するイスラム法学者が多かったわけです。だからタリバンのような人たちは、イスラム教の歴史から見ると、ちょっと変わった少数派なんですね。

古市　『コーラン』自体に書かれている攻撃的な言葉もありますよね。それは今のイスラム世界ではどんなふうに捉えられているんですか。

飯山　イスラム過激派の人たちは、神様が異教徒を殺せ、世界を征服しろと言ってるから、そのままやらないといけないと考えて実践します。だからテロが起こってしまうわけです。

ただ大半の人は、『コーラン』に異教徒を殺せと書いてあるからといって、別に殺さないですよね。たとえばイスラム教徒が多い国の学校では、イスラム教の授業がありますが、そこでもジハードでユダヤ人を殺せとか、カリフ制を作れといったことを教えるのを回避するケースもあります。

逆に、ハマスが支配しているパレスチナのガザ地区の学校では、いまだにユダヤ人を殺せ、イスラエル殲滅《せんめつ》ということを教えている。

ですから、攻撃的な文言を回避して異教徒とも融和的に暮らすことを推進している国もあるし、そうでないところもあるということです。

古市　普通に死ぬ場合と、ジハードで死ぬ場合で違いはあるんですか？

飯山　さきほど天国の話をしましたが、イスラム教の世界観では、いつかこの世は終わり、その後に来世がやってきます。この世で死んだ人間は、来世がくるまでお墓の中で待っているんですね。それで来世が訪れたら、一斉にお墓の中から蘇り、みんなずらっと並んで神様の最後の審判を受け、天国行きと地獄行きに振り分けられるんです。それが一般のイスラム教徒ですが、ジハードで死ぬと、お墓の待機期間がなくて、一気に天国に行けるということになっています。この信仰は非常に強くて、イスラム過激派がジハードで死にたいと思う大きな理由になっているんです。

「イスラム教は平和な宗教ではない」

古市　イスラム教の天国は男目線で描かれているという話でしたが、イスラム教徒はジェンダーの問題をどう考えているんですか。

飯山　イスラム教徒のなかにも、フェミニズムのような考えをもつ人はいます。そういう人たちは『コーラン』をできるだけ、フェミニズムに好意的に解釈しようとします。たとえば、神様は男の信者と女の信者両方に言及しているから、『コーラン』は男女平等なんだと解釈する。あるいはイスラム教は、男女同権という考え方はなく、男には男にふさわしい権利と義務を、女には女にふさわしい権利と義務を神は与えたと考えます。そこから、男の権利・義務と女の権利・義務が違うのは当たり前であり、それが自分たちにとっての平等であると主張する人もいます。

古市　ただ、ジハードもそうですが、『コーラン』を文字通りに読んでしまうと、好戦的だったり男性目線だったりする部分が多いわけですよね。現実と『コーラン』に書かれていることの間で起こる葛藤を、イスラム教徒自身も感じているんですか。

飯山　それはありますね。イスラム教の難しいところは、過激な攻撃的な部分を回避して穏健な解釈で読む人と、そのまま解釈する人の両方がいることです。でも、前者で後者を塗り固めることはできないんですね。『コーラン』の読み方としては、文字通りに読むことが一番正しいというのがイスラム教の伝統ですから。

だから、いくら穏健派の人が出てきても、過激派に対して「お前たちはイスラム的に間違えている」となかなか言えません。イスラム教の法学者の集団や組織は世界中にたくさんありますが、その人たちがイスラム過激派ときちんと対峙できない理由はじつはそこにあるんですね。

古市　過激派のほうが正統的な解釈になってしまう。

飯山　そうなっちゃうんですよ。

古市　そうなると、イスラム教イコール平和の宗教だとは言いにくい。

飯山　イスラム教は基本的に全然平和の宗教ではありません。自分たちは唯一正しい世界宗教であり、それを世界中に広めることが正しいと今もイスラム教徒は全員信じている。だからイスラム教は広まってきたわけです。

古市　イスラム教に限らず、ある種の攻撃性が宗教を広める原動力になったというケースは多いですよね。

飯山　実際、イスラム教の歴史を振り返っても、平和の宗教みたいなことをいう伝統なんてないんですね。イスラム教が平和の宗教だという言説は、二〇〇一年の九・一一事件から急速に広まっていきました。どういうことかと言うと、アメリカが対テロ戦争を実行する際に、「イスラム教は平和の宗教で、ほとんどのイスラム教徒はいい人です。私たちが戦うのはあくまでもテロリストなんですよ」と言い訳するために広めたという側面が非常に強いんです。それを受けてイスラム教徒の側も、そうだそうだ、俺たちは平和の宗教だと言い始めたのが真相ですね。『コーラン』には、自分たちは平和の宗教ですなんてことはどこにも書いていないし、そんなことを言う伝統もなかったんです。

イスラム教徒がマジョリティになる世界

古市　これからイスラム教はますます存在感を増していくと思いますか。

飯山　人口的に考えれば、イスラム教徒はこれからもどんどん増えていきます。それに対して、日本もヨーロッパの先進国も人口は減り続けている。近代の個人主義が進むと、みんな子供を産まなくなるからです。

古市　経済水準の問題もありますが、イスラム人口の多い国は出生率も高い傾向にありますね。人口の増える分岐点となる合計特殊出生率が二・一以上の国がほとんどです。

飯山　イスラム教徒はとにかく結婚して、子供をたくさん産むことが信仰の一環だと思っているので、これからも増える一方でしょう。今世紀中には世界人口の三人に一人ぐらいはイスラム教徒になっているとか、来世紀には半分以上になっているといった予測も出ています。人口からすれば、イスラム教がマジョリティである世界になっていくことは間違いないと思います。

古市　そのときにどんな世界になっていくかですね。

飯山　そうなんですよ。現在は、自由民主主義が世界の理想だという合意がいちおう成立している世界に私たちは住んでいます。でも、中国やロシアのように、自由民主主義とは違う勢力が力を増していますよね。イスラム教もやはり自由民主主義とはまったく違う。イスラム教徒は、人間が頭で考えたことじゃなくて、神が考えたことが正しいと考える人たちです。そういう人たちが多数派になったときには、世界の秩序は変わっていくだろうと考えざるを得ないですね。

古市　人口比で考えると、もはや自由民主主義国家で暮らす人は少数派になっています。しかしここまで存在感のある宗教のはずが、日本ではイスラム教に馴染みのない人が多いですよね。

飯山　日本にほとんどいないからでしょうね。どんな先進国と比べても、日常的なつき合いが圧倒的に少ないと思います。でも、インドネシアの人たちが実習生というかたちでけっこう来ていますし、これからも介護や看護の仕事で非常にたくさん来ることになっているんですね。インドネシア人はほとんどがイスラム教徒なので、いずれ私たちが親の介護をする場面、介護される場面で、イスラム教徒の人たちとつき合っていくことになります。ですからじつは全然遠い世界の話ではありません。イスラム教の問題を自分の問題として考えるために、もう少しイマジネーションを豊かにすることが重要かなと思いますね。

第4回

ゾロアスター教

イラン発の宗教は何をもたらしたか

青木健《あおきたけし》

宗教学者、静岡文化芸術大学教授。一九七二年生まれ、新潟県出身。東京大学文学部卒業、同大学大学院人文社会系研究科博士課程修了。専門はゾロアスター教、イラン・イスラーム思想。主な著書に『ゾロアスター教』(講談社選書メチエ)、『古代オリエントの宗教』『ペルシア帝国』(以上、講談社現代新書)、『ゾロアスター教ズルヴァーン主義研究』『新ゾロアスター教史』(以上、刀水書房)など。

知られざる巨人　ゾロアスター教
ヤングみやざき
あ　財布
…
ボン！
いいじゃん
盗っちゃえよ
ボン！
だめよ！
コラーー!!
足がつくから
中身だけ抜き
とるのよ
善と悪は
きちんと戦え!!
ばさぁ
ぶふぁ…
誰!?
ズォォォォ
アフラ・マズダー
ゾロアスター教の
最高神…
ゾロアスター
…
あの
マイナーな
宗教か…
おい!!

いい度胸だ
教えてやろう
…
世界に影響を与えた
ゾロアスター教の
偉大さを!!
まず教祖
ザラスシュトラは
紀元前12世紀の
アーリア人
あーりあ?
フフフ…
アーリア人と
いうのは
こ〜いう
ルートで
インドから
ヨーロッパまで
広がった人々だ
ヨーロッパ方面へ
黒海
カスピ海
中央アジア
中東方面へ
イラン
インドへ
インド
インド人と
ヨーロッパ人の
もと!?
当時の
アーリア人は
自然神の
多神教…
ミスラ
ヴァーユ
アナーヒター
これを大改革
したのが
ザラスシュトラ!
宗教改革
か!

善と悪という抽象概念に形を与えて…
善
悪
ムクムクムク
善悪の神が戦う善悪二元論の世界観を作った
当時としては超画期的な発想だ
ガシィ
たしかに…川の神とかとだいぶ違うね
アフラ・マズダー率いる善チームと
アンラ・マンユ率いる悪チームが戦い続ける
VS
1万2千年間…
なが!!
そして世界の終末に
救世主が現れ…
ザラスシュトラの保存された精子から生まれた
ペカー
善が勝利する
最後の審判が行われ選ばれた者のみ救われる…
ドロォ
ヒー
まってまって聞いたことあるそれ…!
ユダヤ・キリスト教の終末思想とそっくりだよ
BIBLE
パクリじゃん
こっちが先じゃ!!

終末思想も救世主思想も
7大天使
天使と悪魔の発想も
キリストを惑わす悪魔
天国と地獄の発明も…
ゾロアスター教が元だと言われてる
えー!?
大乗仏教の弥勒菩薩も
ゾロアスター教の救世主が元だし
ギリシア哲学にも影響を与えてる
プラトン
ピタゴラス
もう…全部じゃん!!
さて…さっきマイナーとか言ってなかった…?
……
牛の尿で浄《きよ》めてやんよ
ごめんなさい!!
なにそれ
そういうとこがマイナーな所以《ゆえん》なんですよねー
やれやれ…
ス…
誰だ!?
青木です
ツーン
普遍性と土着性をあわせ持つゾロアスター教の複雑さ…お話ししましょう

ゾロアスター教はいつ成立したのか

古市　ゾロアスター教は、日本ではあまり馴染みのない宗教だと思います。ゾロアスター教の聖典が『アヴェスター』であることも知られていない気がします。かいつまんでいうのは難しいかもしれませんが、ゾロアスター教ってどんな宗教なんでしょうか。

青木　教科書的には「紀元前一五〇〇年~紀元前一〇〇〇年ぐらいに中央アジアのザラスシュトラ・スピターマという人物が始めて、イラン系民族の間に広まった善悪二元論の宗教」だと説明されます。ただ、善悪二元論が特徴になるのは後の時代のことで、ザラスシュトラが何を言ったのかは、じつはさほどよくわかっていません。

古市　ゾロアスター教が成立したプロセスは、あまり解明されていないんですか。

青木　そうですね。もともとイラン系民族は口頭で伝承していたので、その内容はよくわかっていないんです。時代によって振れ幅が大きかったんじゃないかと思います。

古市　現在『アヴェスター』としてまとまっている聖典は、いつぐらいに成立したんでしょうか。

青木　口頭伝承というかたちでは、紀元後三世紀ぐらいには成立していたんじゃないかと推測されています。それが文字で記され、きっちりした聖典になったのは紀元後六世紀、サーサーン朝ペルシア帝国が滅ぶ一世紀ほど前のことです。

古市　現代人はそれを読んでいるんですね。

青木　そこがまた複雑で、書物の『アヴェスター』ができてから一〇〇年後ぐらいにアラブ人イスラーム教徒が攻めてきて、イランはアラブ人イスラーム教徒に占領されました。その結果、『アヴェスター』のだいたい四分の三くらいは消滅してしまいます。我々がいま読んでいるのは、断片的に残っている四分の一だけなんですね。

古市　現在、ゾロアスター教を信仰している人たちは、そのことをどう捉えているんですか。

青木　彼らによると、どうでもいいものから失われていって、大事なものが残ったという都合のいい話になっています。だから、ここさえ読んでおけばバッチリなんだと(笑)。

古市　青木さんはどう思いますか。

青木　時代によって教義は変わりますから、教祖がいちばん大事だと思った部分が残ったとは言えないでしょうね。しかもゾロアスター教の場合、『アヴェスター』のほんの一部だけが教祖の語った言葉であって、後の部分は後世の弟子たちがどんどん付け加えていますから。

ゾロアスター教は二元論なのか

古市　聖典『アヴェスター』の内容について、最低限押さえておきたいのはどんなことでしょうか。

青木　現在の『アヴェスター』のなかで、教祖ザラスシュトラ・スピターマが実際に語ったとされている韻文の呪文「ガーサー」というものがあります。ただ、「ガーサー」は百パーセントすべては解読されていません。使われている言語が非常に難解なので、言語的に近いと言われるヴェーダ語の文献を参考にして、おおよその内容を推測できるだけです。

古市　「ガーサー」、どのような内容なのでしょう。

青木　まずアーリア人の多神教が前提になっています。そこにザラスシュトラが、アフラ・マズダーという最高神を独自に立てて、そのもとで多神教的なものが「善なる神々」と「悪なる神々」の二系列に展開していくんです。最高神がいて、そのもとで神々が善悪に分かれていきますから、一神教的な二元論と言っていいでしょうね。

古市　神々はたくさんいるけれど、最高神がいるので「一神教的」というわけですね。

青木　しかしその後、六～九世紀の中世ゾロアスター教になると、善悪二つの系列を束ねていた最高神アフラ・マズダーの地位が下がって、善なる神のトップになってしまうんです。つまり、中世ゾロアスター教は、善なる神と暗黒の王という二元論に傾いていくんですね。

古市　なるほど。一神教的な要素がなくなるわけですか。

青木　そうです。教科書的にゾロアスター教が善悪二元論と言われるのは、この時代のゾロアスター教の思想が反映されていると思います。

古市　どうして一神教的な要素は消えたんでしょうか。神々がたくさんいる多神教の宗教が、一神教化していく方がイメージが湧きやすいです。

青木　一神教であるキリスト教やイスラームとの差異化を図ろうとしたんじゃないでしょうか。サーサーン朝ペルシア帝国が盤石の時代は、最高神、善なる神々、悪なる神々がいるという包括的な教義でもよかったんですが、西方からキリスト教徒に脅かされたり、アラブ人イスラーム教徒に征服されてしまうと、むしろ征服者との差異的な部分である二元論を打ち出して、自分たちのアイデンティティを守ろうという気運が生まれてきたんじゃないかと思います。

古市　現在のゾロアスター教の信者は、どういう世界観を持っているんですか。

青木　じつは一神教の方向で突き進んでおります。近代以降、一神教こそ宗教の最終形態だという進化論的な宗教観が根強くなったため、現在の信者はキリスト教やイスラームと変わらないような一神教だと言ってますね。

ゾロアスター教のオリジナリティ

古市　教祖のザラスシュトラが元にした原宗教みたいなものはあったんですか。

青木　原宗教としては、もともと中央アジアにいた印欧（インド＝ヨーロッパ）語族、つまり古代アーリア人が持っていた多神教のようなものがベースになっています。この印欧語族の人たちが、ヨーロッパ、イラン、インドに分岐していくんですね。

古市　比較言語学では、今はまるで違う言語に思えるインドやヨーロッパの各言語には共通の祖語があったと考えますね。言語のみならず神話にも共通点が指摘されています。印欧語族の多神教から生まれた宗教の一つがゾロアスター教ということですか。

青木　はい。印欧語族がもともと持っていた多神教は、インドのヒンドゥー教ですとか、あるいはキリスト教以前のヨーロッパ人の宗教との関連性も指摘されています。

古市　二元論的な思想のほかに、ザラスシュトラ本人が直接言ったとされているのは、どんなことですか。

青木 確実に言えるのは、死後の世界ですかね。死後に審判を受けて、橋を渡ってあの世に行くんですが、良いことを現世でいっぱいした人間はその橋が広くなって、あの世に無事に到達できるけど、悪いことをした人間は橋がどんどん細くなって、地獄に落ちていくんです。橋を無事に渡りきると、一五歳の乙女が手を振って待っていてくれます。でも、地獄に落ちちゃうと老婆が待ち構えていて、地獄の責め苦を味わう。っていう、そういう死後の因果応報《いんがおうほう》的な考え方はザラスシュトラが言い始めたことだろうと言われています。

古市 天国と地獄という発想はゾロアスター教のオリジナルなんですか。それとも、印欧語族の多神教の時代から、そういう発想はあったんですか。

青木 オリジナルだと思います。でも、それ以前の文献が何も残ってないので、証明は難しい。ただ、同時代の他の地域にそんな設定はないんです。メソポタミアでも、死んだら地の底の暗いところに行くという設定しかない段階ですから。

古市 ゾロアスター教では、世界の誕生や終末はどんなふうに説明されるんでしょうか。

青木 『アヴェスター』ではこんなふうに書かれています。原初の世界には光と闇があります。光が善で、闇が悪です。ある時、善と悪が戦い始めて、くんずほぐれつの争いを繰り広げたのち、最後は救世主サオシュヤントが現れて、最終的な決着がつく。当たり前ですけど善のほうが勝つことになり、そこで最後の審判がくだされ、至福千年の王国が生まれるんです。

古市　ユダヤ教やキリスト教のメシア思想とも似ていますね。しかしゾロアスター教はかなり古くまで遡れる宗教という話でした。ということは……。

青木　こういうストーリーができたのはユダヤ教やキリスト教よりも先ですから、終末論的な発想は、ゾロアスター教からユダヤ教、キリスト教に影響を与えたのではないかと考えられています。

古市　救世主みたいな発想もあったんですね。

青木　そうなんです。最初は、未来に現れる者という漠然としたイメージでしたが、紀元前三世紀ぐらいになると、ある湖の中にザラスシュトラの精子が保存されていて、そこで水浴びした乙女が妊娠して生まれるのが救世主だという物語になりました。

古市　精子を保存するという発想があったんですね。現代でこそ精子凍結が行われるようになっていますけど。

青木　救世主は最終的に三人兄弟まで数が増幅します。そして三男坊が悪を討ち滅ぼして世界を至福の世界にするんです。ユダヤ教では紀元前五世紀ぐらいから救世主思想が入り、後にイエスにつながっていきますが、イラン学者は、これもゾロアスター教の影響だと推測しています。

なぜ火を拝むのか

古市　ゾロアスター教の特徴的な儀式ってありますか。

青木　じつは『アヴェスター』の内容って、九割九分が儀式に関する内容なんです。牛を屠《ほふ》って神々に捧げるやり方とか、火を拝むときや火にお供えするときの手順だとか、ものすごく煩雑な儀礼が山のようにあります。

古市　火を崇拝するのはなぜですか。

青木　印欧語族の古代アーリア人が中央アジアから移動を始めた時期って、寒冷化が起こった時期に当たるんですね。寒さから逃れるために人びとは移動する。一部は西に水平移動して、ヨーロッパで暮らすようになりました。一部は寒いから南に降りていった。これがイラン人やインド人になるわけです。

古市　気候変動が関係していたんですか。

青木　寒さのなかで火はとても貴重です。それで火を拝むようになったのでしょう。結果、イランやインドという暖かい場所に住み着いた後も、火を崇拝するようになりました。インドのヒンドゥー教徒も火を崇拝するのはそのためです。

古市　牛を犠牲にするのは？

青木　牛については、当時の最も重要な財産が牛ですから、それを神様に捧げたわけです。ヒンドゥー教でも牛は聖なる生き物です。イランには牛があまりいませんので、羊で代用したりしています。

古市　ゾロアスター教の二元論も、当時の環境が生み出した側面はあるんですか。

青木　いえ、二元論のほうは環境の所産ではなさそうです。

古市　二元論は、ザラスシュトラの独創的なアイディアだということですか。

青木　そうだと思います。もともとの印欧語族の多神教のなかには、自然現象を擬人化した神様と、道徳概念を擬人化した神様の二系統がありました。ダエーヴァ神群とアフラ神群という言い方をするんですが、系列によってキャラクターが全然違うわけです。たとえば、嵐の神様と、友情が大事だという神様ではキャラクターが全然違うし嚙み合いませんよね。

古市　たしかに神様がたくさんいる場合、整理の仕方が難しいですね。

青木　ヒンドゥー教のインドの場合は、嚙み合わない二系統の神様をゴチャ混ぜにしました。それに対してイランの側では、ザラスシュトラが道徳現象のほうを善に、自然現象のほうを悪にきっぱりと分けたんですね。

古市 ゾロアスター教に厳しい戒律はないんですか。

青木 ほとんどありません。お酒を飲んでも大丈夫ですし、どんな肉を食べても大丈夫です。

古市 それはイランの地域性と関係しているんですかね。

青木 そうでしょうね。肉以外何にもないので、肉を禁止されたら、食べるものが何もなくなってしまいます。

世界で初めて国教になった宗教

古市 ゾロアスター教はどういう広がり方をしていったんでしょうか。

青木 それがまた謎があって、最高神アフラ・マズダーの名前はすごく広まって、アフラ・マズダーの崇拝がサーサーン朝ペルシア帝国の国教にもなりました。当時は「マズダヤスナ教」といって、マズダーを崇拝する教えという言い方をしたんです。ところが、ザラスシュトラ、つまりゾロアスターという名前は、イランや中央アジアで広まっていないんですよ。

古市 国教になるくらい最高神アフラ・マズダーの名前は広まったのに、ゾロアスターという名前が出てこない？

青木 ゾロアスターの名前が出てくるのは、イスラーム時代に入ってからです。問題は、ギリシャとか地中海のほうでは、紀元前五世紀からゾロアスターという名前がたくさん出てくることです。

古市 へぇ、面白いですね。

青木 だからゾロアスターの名前だけがギリシャに行っちゃったのか、それとも、じつはイラン文化圏でも有名だったけどたまたま証拠が残っていないだけなのか、よくわからないんです。

古市 マズダヤスナ教が国教になったのはいつごろですか。

青木 サーサーン朝時代の二二四年からです。皇帝がマズダヤスナ教の神官だったので「うちの宗教はマズダヤスナ教です」と言って、帝国の民にそれを強制したことがわかっています。興味深いのは、世界で初めて国教を制度化したのが、このサーサーン朝ペルシアであることです。キリスト教の国教化は、三〇一年のアルメニア王国が最初で、だいぶ時代が遅くなってからローマ帝国の国教になった。それよりもはるか昔に、イランのほうでは「サーサーン朝ペルシア帝国の国教はマズダヤスナ教である」と言ったわけですから、これはゾロアスター教の隠れた独創性じゃないかと思います。

古市　サーサーン朝ペルシアの時代ではずっと国教だったんですか。

青木　ええ。サーサーン朝ペルシアは二二四年から六五一年まで続きますけれども、この間は一貫して帝国の国教はマズダヤスナ教で、揺るぎないものでした。

古市　そこから世界宗教にはならなかったんですね。

青木　ゾロアスター教が世界宗教に脱皮できなかったのは、イラン人特有の習慣を吸収しながら成立した宗教だからです。たとえば古代のイラン人は、結婚は血統が近ければ近いほどいいという考え方をするんです。いちばんいいのは兄と妹、あるいは姉と弟の結婚であると。これを一般レベルで実践しているのは古代のイラン人ぐらいしかなくて、周辺異民族からは奇異の目で見られましたが、ゾロアスター教は、それを教義のなかに組み込んでしまった。これを世界に広めて、みんなで兄弟姉妹で結婚しようというのは、ハードルが高かったと思います。

古市　なるほど。古代イラン人以外には、受け入れられにくい教義があったんですね。

青木　あとは、鳥葬ですね。人が亡くなった場合は、丸裸にして砂漠に放り出してハゲタカについばませて、骨だけを埋葬する。これも周辺の他民族に「やりましょう」と言っても、拒絶する人のほうが多かった。そういう意味で、ゾロアスター教はイラン人的な文化や習慣と一体化してしまった宗教だったので、世界宗教になるのは難しかったでしょうね。

古市 松本清張《まつもとせいちょう》の小説『火の路《みち》』では、シルクロードを経由して古代日本までゾロアスター教が来ていたとされています。史実ではどうなのでしょうか。

青木 可能性はあるとは思いますが、証拠はありません。ただ中国までは伝わっていたことが確かめられています。

ゾロアスター教の粘り強さ

古市 サーサーン朝ペルシアの衰退とともに、ゾロアスター教も消えていったんですか。

青木 プロセスとしては、六四二年にニハーヴァンドの戦いで負けて、サーサーン朝ペルシアがアラブ人イスラーム教徒によって実質的に滅ぼされ、六五一年に最後の皇帝が暗殺されて王朝が完全に滅びました。その結果、アラブ人イスラーム教徒にイラン全土が占領されます。この状態から三〇〇年ぐらいの期間をかけて、イスラームへの改宗が完了するんですね。

古市 イスラム教に取って代わられてしまうんですね。

青木　それでも他のイスラーム世界と比べれば、けっこう粘ったほうです。イランは三〇〇年は粘って、ゾロアスター教を信じようという人たちがいたわけですから。

古市　イスラーム教徒占領下で三〇〇年も持ちこたえたのは、生活に根差している部分が多かったからでしょうか。

青木　そう思います。特に西南地方のほうではしぶとく残りました。占領軍があまりいない地域では、最近親婚が最高だよねとか、鳥葬は素晴らしいよねとか、そういう伝統が残ったんじゃないでしょうか。

古市　青木先生にとって、ゾロアスター教の魅力はどういうところにありますか。

青木　やっぱり世界最古の宗教の一つというか、ホモ・サピエンスが獲得した形而上的な認識パターンの最古の事例の一つであるという点で、すごく興味深いんですね。

古市　ゾロアスター教を研究することで、ホモ・サピエンスの原初宗教を解明する手がかりが見つかるかもしれない。

青木　たとえば、さきほど紹介した終末論の背後には、直線的な時間認識のパターンがあります。これを最初に見いだしたのはゾロアスター教だろうと私は思います。あるいは、善行を積んだか、悪行を積んだかによって審判され、死後の世界が分かれるという一神教的な考え方の原点もゾロアスター教にあったんじゃないかと。

古市　西欧的な、直線的な時間認識のパターンのルーツを、ついキリスト教などに求めがちですが、じつはその前にゾロアスター教があったのではないか、ということですね。これはザラスシュトラの独創性によるものなんですか。

青木　言語的な面から申し上げると、印欧語族という要素が大きかったと思います。たとえばアラビア語の動詞は完了形と未完了形しかない。一方、印欧語族は過去形、過去完了形、現在形、現在進行形など時制のバリエーションが多い。ただ未来形は動詞からは作られずに、will などの助動詞をつけて表現しますよね。おそらく印欧語族の未来形という概念は、後から獲得されたものです。この未来形という文法上の概念を編み出したのと同時に、直線的な時間認識が生まれたと考えることはできると思います。

古市　他に魅力はありますか。

青木　さきほど言った粘り強さですね。ゾロアスター教は、後期青銅器時代から鉄器時代をへて延々とつながっています。他はつながっていないんですよね、メソポタミア文明も滅びましたし、エジプト文明、ヒッタイト文明も滅びました。古代オリエントの文明で、粘りに粘ったのはユダヤ人とイラン人だけです。そうした伝統の強靱《きょうじん》さにも惹かれます。

第5回

インド神話

『マハーバーラタ』の描くヒンドゥー教の神

沖田瑞穂《おきたみずほ》

インド神話学者。一九七七年生まれ、兵庫県出身。学習院大学大学院人文科学研究科博士後期課程修了。博士（日本語日本文学）。大学非常勤講師。著書に『怖い女』（原書房）、『マハーバーラタ入門』（勉誠出版）、『世界の神話』（岩波ジュニア新書）、『マハーバーラタ、聖性と戦闘と豊穣』（みずき書林）、『インド神話』（岩波少年文庫）、『すごい神話』（新潮選書）など。

ごった煮シチュー!?
マハーバーラタ　ヤングみやざき
キーン
なんだ?あれ…
カッ
ズゴゴゴゴ
ぎゃぴー――!!
ザ…
フフフ…これが「マハーバーラタ」にある…
最終兵器ブラフマシラスの威力か…
メラメラ
誰?
我らヒンドゥー教の三神!
ヴィシュヌ!
シヴァ!
ブラフマー
ヒンドゥー?まは…?

マハーバーラタはヒンドゥー教の聖典だろうが！
ぐらん
ぐらん
バラタ族の王位を巡る内戦の話だ
内戦…
神の化身5兄弟と
ユディシュティラ
アルジュナ
イトコ100人兄弟の戦争だ
ビーマ
ナクラ
サハデーヴァ
サイコロ賭博で国を騙しとられ…
アー!!
兄さん
放浪&修行そして…
後半はドロドロの戦争…
夜襲vs.だまし討ち
最後は双方ほぼ全滅…
大量破壊兵器
…なんでこういう話が聖典に？
フフフ…物語はあくまで物語…
すごいのは…
そこに放りこまれたありとあらゆる
挿話！
伝承！
ドプ
ドプ
哲学談義！
おかげで全18巻
なが！

800年かけていろんな要素が入り込んでるからな
なんかまとまりなさそう
グツグツ
BC4世紀
AD4世紀
ああ!?
ス…
…教えてやろう
インドの奥深さをな!!
そもそも…ヒンドゥー教の元はバラモン教
外から来たアーリア人の宗教だ
メラ
メラ
アーリア人はこんなふうに広がった
北欧神話
ゲルマン神話
ギリシア神話
ゾロアスター教
バラモン教
全部つながってる!?
ところが!
インドの土着の文化…
これがしぶとかった!!
アーリア文化
土着文化
アーリア人の文化を…
ムオオ…
体内から侵食してる!?
ぱくぱく

こうしてできたのがヒンドゥー教!!
ギシャアアア
いわばインドそのもの…!
すうぅぅ
その深淵さ…思い知れ!
わわわ!?
ゴックン
…!?
体の中に…
宇宙が!?
キュ〜
ザ…
ヴィシュヌ神の幻力《マーヤー》ね…
沖田です
ポワ…
インド神話のおもしろさはこれどころじゃありませんよ
フワ〜
とくとお話ししましょう…

世界最大級の叙事詩『マハーバーラタ』

古市　インド映画の流行もあり、インド神話に興味を持つ人が増えてきました。今回は、古代インドの叙事詩《じょじし》『マハーバーラタ』について教えてください。一言で言うとどういう本なんですか。

沖田　インド人にとっての聖典です。ほんとうに長くて、全一八巻、約一〇万の詩節で構成されています。世界最大級の叙事詩と言っていいでしょうね。『マハーバーラタ』の「マハー」は「偉大な」とか「大きな」という意味です。マハラジャの「マハ」も同じですね。「バーラタ」は「バラタ族の」という意味ですが、インドでは自分の国のことを「バラト」とか「バーラタ」と言います。なので『マハーバーラタ』は、インドの人びとのルーツにあたる王族の物語という意味になります。

古市　それだけ長いと要約するのは難しいかもしれませんが、コアとなるストーリーを教えていただけますか。

沖田　基本的には戦争の物語です。メインとなるのはパーンダヴァ（「パーンドゥの息子たち」の意）と呼ばれる五人の王子と、彼らのいとこでカウラヴァ（「クル族の息子たち」の意）

と呼ばれる一〇〇人の王子。このいとこ同士の対立がきっかけとなって、周りの国々も巻き込んだ大戦争が起こります。

古市　登場人物も多い！　最後はどうなるんでしょう。

沖田　最終的には、両陣営のほとんどが滅んでしまうんです。カウラヴァ側では三人生き残りますが、そのうち一人が三〇〇〇年間、誰とも口をきかずに一人でさまようという呪いを受けます。一方、パーンダヴァ側では七人が生き残ります。五人の王子に加えて、ヴィシュヌ神の化身でクリシュナという英雄、クリシュナの親友であるサーティヤキという英雄の七人です。しかし最後の最後には、この生き残った主人公たちも死んでいきます。

古市　その意味では、なんとなく哀れを感じさせるようなエンディングですね。

古市　戦争以外の要素もあるんですか。

沖田　たくさんあります。たとえば、ある武将の死に際の説教が長々と二巻にわたって続いたりする。そうやってさまざまな物語が挿入されているので、ものすごく長いんですね。

古市　今のインドでも人気のあるエピソードやシーンがあれば教えてください。

沖田　「バガヴァッド・ギーター」と呼ばれる哲学的な部分は、今のインド人にも人気です。物語の途中で、パーンダヴァ五兄弟の三男アルジュナは、親族同士で戦うことに迷いを感じて、武器を捨てようとするんです。そのとき、ヴィシュヌ神の化身である英雄クリシュナが、アルジュナに、王族としてのさだめを全うすることが法に適《かな》った行動だという
ことをいろいろ説く。それがバガヴァッド・ギーターで、『マハーバーラタ』のなかでも
特に大切にされている部分です。

古市 沖田さんが好きなパートは?

沖田 「乳海攪拌《にゅうかいかくはん》神話」と呼ばれる神話ですね。メインの戦争物語とはほとんど関係ないんですが、世界の始まりを描いたとても楽しい神話です。神々と悪魔が海の中に太い棒状の山を入れ、そこに大蛇をグルグルと巻きつける。そして蛇の両端を悪魔と神々が引っ張り合いっこして、海を攪拌するんです。そうすると、かきまぜられた海は乳の海となって、そこから太陽とか月とかいろんなものが生まれる。こういう神話が第一巻の最初のほうに登場します。

古市 世界の始まりを描いた神話ってたくさんあると思うんですけど、他の地域にも似た神話ってあるんですか。

沖田 はい。モンゴルに伝わっているし、たぶんモンゴル経由でユーラシアの内陸を渡って日本に伝わっていると言われています。日本には、イザナキとイザナミの神話がありますよね。原初の夫婦神が天《あめ》の浮橋に立って、矛を下界の海に差しおろして「こをろこを

ろ」とかき混ぜると、その矛からしたたり落ちた塩水が積もって最初の島ができたという話です。比べるとわかるように、矛で海をかき混ぜるというシーンは、山で海をかき混ぜたという乳海攪拌神話と似ています。

それでこのイザナキとイザナミの話は、おそらくインド起源の乳海攪拌神話がモンゴル経由で日本に伝わったのではないかと言われているんです。

古市 旅人や商人が口伝で物語を伝えた時代でしょうから、よほど面白くてインパクトが強くないと地域を越えて伝わらない。それくらい当時の人びとにも印象的なストーリーだったということですね。

ヒンドゥー教との関係

古市 今でもインドの人は『マハーバーラタ』を身近なものとして感じているんですか。

沖田 そう思います。有名な話ですが、『マハーバーラタ』の実写をインドでテレビ放送したことがあるんですよ。そうすると、放送の時間になると通りから人がいなくなり、みんなテレビで『マハーバーラタ』を見るんですね。視聴率はたしか八〇パーセントぐらいだったと思います。そのくらいインドでは親しまれているし、とても身近に信じられている聖典なんですね。

古市　視聴率八〇パーセント！　『マハーバーラタ』はヒンドゥー教の聖典とされていますが、ヒンドゥー教の教えと『マハーバーラタ』はどれくらい関係しているんですか。

沖田　『マハーバーラタ』はそこに書かれていないことはどこにもないと言っているような書物なので、ヒンドゥー教に関わるすべてのことが含まれています。とりわけヒンドゥー教では「ダルマ」という考え方をとても重視しています。ダルマは「法」と訳しますが、法律とは少し違って森羅万象が従うべききまりのような意味です。そして『マハーバーラタ』にも、主人公たちの苦難や冒険をめぐってダルマが説かれるという場面がたくさん出てきます。そういうかたちでヒンドゥー教の教義を表しているんですね。

古市　カースト制度のようなことも書かれているんですか。

沖田　カースト制度の場合はもっと古くて、バラモン教の聖典である『ヴェーダ』のなかにカースト制度誕生の神話が出てきます。プルシャという原初の巨人が死んだときに、天、地、月、太陽などいろいろなものが発生する。そのときに、カースト制度の四つの階級――バラモン・クシャトリヤ・ヴァイシャ・シュードラがプルシャの体の各部分から作られたという神話です。この神話が、最古の『ヴェーダ』とされる『リグ・ヴェーダ』に出てくるんですね。

古市　『マハーバーラタ』よりも『リグ・ヴェーダ』の方が古いですよね。

沖田　『リグ・ヴェーダ』はインド最古の宗教文献で、紀元前一二〇〇年ぐらいに成立したとされています。

古市　バラモン教にとって『ヴェーダ』は聖典とのことですが、ヒンドゥー教の聖典といってもいいんですか。

沖田　紀元前六世紀から紀元前四世紀頃に、バラモン教がインド土着の民間信仰などを吸収して、大きく変化したものがヒンドゥー教なんです。だから、『ヴェーダ』がヒンドゥー教の大切な聖典であることにはまちがいないんですが、古いものだという認識はあると思います。

古市　『マハーバーラタ』には、神の化身が登場するという話がありましたが、ヒンドゥー教では神はどういう存在なんですか。神は永遠不滅の存在なのか、それとも人間と同じように神も輪廻《りんね》のなかで生まれ変わったりするんですか。

沖田　とてもいい質問だと思います。神と人間どちらも生まれ変わります。神であっても生まれ変わりから逃れることはできないんです。逃れることができているのは最も偉いヴィシュヌとシヴァ、ブラフマーの三神だけで、それ以下の神々はみな生まれ変わらなければならないことになっています。そういった神々は、生前に積んだ徳が消えると生まれ変わります。その生まれ変わった先でしっかり徳を積むとよいものに生まれ変わることができるし、悪徳を積むと下等な動物になってしまう。インドラという神が生まれ変わりをくりかえす過程で蟻《あり》になってしまったという話もあって、インドラがヴィシュヌからその話を聞いて、自分の行いを正すという神話もあるんです。

古市 人間も神も生まれ変わるのだとするならば、神と人間の違いって何ですかね。

沖田 神々は不死だけれども人間は死なねばならないというのが一番の違いなんですけれども、輪廻するなら死ぬだろうという反論が絶対にあります（笑）。そういう矛盾は神話にはよくあることなので、そこを深掘りしてもたぶん何も出てきません。そういうものとして受け止めるしかないですね。

どのように入門するか

古市 『マハーバーラタ』が、いつ誰によって書かれたかということは、わかっているんですか。

沖田 まず『マハーバーラタ』の成立は、紀元前四世紀から紀元後四世紀とかなり長期にわたっています。コアになる戦争物語の部分が最初にあり、そこにいろんな神話や伝説、教説などが加わってだんだん大きくなっていったんです。

古市　何百年もかけて成立したとなると、特定の作者はいない？

沖田　一応ヴィヤーサという聖仙が作ったことになっていますが、ヴィヤーサは『マハーバーラタ』の作中人物でもあります。だから伝説的な人物であることははっきりしています。実際には多くの人の手によって時間をかけて形作られた物語であると言えるでしょう。

古市　文字としてまとまったのはいつごろなんでしょうか。

沖田　正確な時期はわからないんですけれども、かなり後になってからです。もともとはバラモンの師匠から弟子に口承されてきたものなんですね。『マハーバーラタ』にかぎらず、今でもインドでは口承がすごく大切にされています。文字に書いてはいけないような物語もあるようで、いまだに文字化されていない神話もあると聞きます。

古市　文字にしたらいけないことも含めて伝わっているのが面白いですね。

沖田　発話すること自体に力があるとみなされるんですね。

古市　口承で伝わるあいだに、内容が変わったり新たな解釈が入ったりすることもあると思うんですが。

沖田　そうですね。おっしゃる通り、伝えられていく際にいろいろ変化するので、『マハーバーラタ』もさまざまなバリエーションがあります。あるバージョンにはあるけれども、もう一つのバージョンにはないような話もある。その違いをなんとか統合しようということで、研究者がプーナというところで「批判版」というものを編纂《へんさん》しました。だから研究者は大体、批判版を使っています。この批判版には、バージョンごとの異同も書かれているから、とてつもなく長いんですよ。私も持っていますが、六畳間の端から一巻ずつ置いたら半分ぐらいはスペースをとってしまう。

古市　とんでもない分量ですね。

沖田　はい。それで不吉な話だけど、外国人が訳すと死ぬと言われているんですよね。じつは私のサンスクリット語の先生だった上村勝彦《かみむらかつひこ》先生は、ちくま学芸文庫で『マハーバーラタ』を訳されていたんですが、八巻を訳されていた時に病気になって、その後亡くなられてしまったんです。業界の人はみんな知っているので、『マハーバーラタ』の呪いかと言われたりして……。

古市　じゃあ、『マハーバーラタ』の日本語訳は最後まで完結していないんですか。

沖田　上村先生の原典訳は第八巻途中までです。英訳からの重訳版は、山際素男《やまぎわもとお》先生が最後まで訳していますが。

古市　そもそも、日本語訳でも『マハーバーラタ』を読むのは難しそうですね。

沖田　一般の人がいきなり上村先生が訳した原典を読んでも、かなり高い確率で挫折します。最初に手に取るとしたら、手前味噌になりますが、私が書いた『マハーバーラタ入門』(勉誠出版)から入るのがいいと思います。これは、我ながらけっこうよくできてるんですよ(笑)。メインストーリーの戦争の部分と、さまざまな楽しい神話を章ごとに分けて紹介しているので、この一冊で概要はつかめると思います。

古市 まずは『マハーバーラタ入門』からですね(笑)。

沖田 その後で実際の物語に触れたければ、『インド神話物語 マハーバーラタ』(原書房)が上下の二巻本で出版されています。これは現代のインド人が再話した『マハーバーラタ』で、原著はペーパーバック一冊にコンパクトにまとまっています。原典の流れに即して再話されているので信頼がおけますし、インド人による注や解説もありがたい。こちらも私が監訳しているので、宣伝めいて申し訳ありません(笑)。

なぜ似ている神話があるのか

古市 沖田さんは神話全般について詳しいのでお聞きしたいんですが、世界各地の神話を見ると、よく似た神話もいろいろと見つかりますよね。これはどういうふうに考えたらいいんでしょうか。いくつかの神話から派生していったのか、それとも同時多発的に似たような神話が生まれたのか。沖田さんはどういうふうに考えていますか。

沖田　世界の神話の類似を、何か魔法みたいに一つの方法ですべて説明できることは絶対にないと思っています。たしかに、そういう魔法のような答えを求める学者は多いんですね。私なんか手の届かないようなえらい先生もそういうことを考えています。でも私は絶対そういう魔法はないと思っているんです。

古市　有力な考え方はあるんですか。

沖田　神話が似ている理由を説明するアプローチとしてなら、いくつかの考え方はあります。

まず、単純に一方から他方に神話が伝わったというパターン。このパターンは多いと思うし、私自身もかなりの伝播《でんぱ》論者です。二つ目に、人類の共通の心理から似たような神話が発生するという場合もけっこうあるでしょう。私は以前、『怖い女』（原書房）という本を書いたことがありますが、世界の神話には怖い女神がたくさん出てくるんですね。こうした似たような女神像を生み出し続けるのは、人類の共通の心理に由来していると考えることはできると思います。

三つ目は、同じような自然現象を経験しているからという説明です。たとえば鶏《にわとり》が鳴くと太陽が出るという神話は、自然現象にもとづいていると思うんですね。だいたいどこでも、鶏が鳴く頃に太陽が昇りますからね。四つ目として、インド＝ヨーロッパ語族の場合のように、言語的な祖先が同じで、そこから各地に分散していった場合は、同じ神話を引き継いでいるという考え方がありますね。

この四つが代表的な考え方ですが、括弧つきの仮説としては、マイケル・ヴィッツェル先生の出アフリカ説が有名です。人類はもとを辿ればアフリカから出てきたので、アフリカから携えてきた神話を北方ルートと南方ルートで持って行ったのだと。興味深い説ですが、これから検証が必要だという意味で括弧つきの五番目の説と考えています。

古市　インド＝ヨーロッパ語族の話が出てきましたが、神話学と言語学はどんな関係にあるんですか。

沖田　じつは神話学は、言語学の子供のような存在でもあるんです。たとえば比較神話学という学問は、比較言語学の誕生という前提があってこそです。イギリスの研究者ウィリアム・ジョーンズがインドに行き、サンスクリット語とヨーロッパの古い言語との類似点を発見し、インド＝ヨーロッパ語族という概念を見出しました。その後、言葉が似てるんだったら神話も似ているんじゃないかという発想のもと、比較神話学も発展していきました。

古代人と現代人に優劣はない

古市　沖田さんの『すごい神話』（新潮選書）や『怖い家』（原書房）という本では、古い神話が、『天空の城ラピュタ』や『鬼滅の刃』など、現代のさまざまな物語にも息づいていることを説明していましたね。

沖田　そうなんです。人間は物語を生み出さずにはいられないし、すべてのことは物語によって把握されていると思うんですね。さきほどの話とも重なりますが、おそらく人間の心理のなかには特定の神話を生み出す装置みたいなものがあって、それが時代や地域を超えて、時に変形されたり反転されたり、あるいは新しい要素を加えられたりしながら、神話を生み出し続けてきたのでしょう。だから神話は過去の遺物なんかじゃなくて、いまも生き続けている。そうやって現代のフィクションと似た神話を見つけるのはすごく面白いんですよ。

古市　あまり知られていないけれど、現代人が読んだらけっこう響きそうな神話ってなにかありますか。

沖田　『すごい神話』でも紹介しているインドネシアの「バナナ型」神話では、人間の死の起源を説明しているんですね。石とバナナが喧嘩して、石がもし勝っていれば人間は石のように永久不滅だったのに、バナナが勝ったものだから人間はバナナの木のように死ななければならない。でも、バナナがそうであるように子供を作ることができる。この神話では、個体として永久不滅な存在と、個体としては死ぬが子を生《な》すことで種として存続する存在とが対比的に語られているわけです。本のなかで『鬼滅の刃』との類似性を指摘したように、ここには現代の物語にも通じる高度な論理があると思います。

古市　神話を作った大昔の人間と現代人で、認知能力や物語を作る能力にそんなに差はないということでしょうか。

沖田　そう思います。私は、古代の人びとが現代人よりも何か劣っていたとは考えていません。まったく劣っていない。ただ違う方法で世界を認識していただけのことだと思うんです。たぶん、古代のすごい天才がある時に神話を生み出し、現代に至るまで同じような物語を何度も何度も再生産してきたんでしょうね。そういうところが神話の面白さだと思います。

第6回

ジャイナ教

なぜ不殺生を徹底するのか

堀田和義《ほったかずよし》

岡山理科大学教育推進機構基盤教育センター准教授。一九七七年生まれ。東京大学大学院人文社会系研究科博士課程修了。研究分野はインド哲学、インド古典学、死生学。主な著書に『よくわかる宗教学』（共著、ミネルヴァ書房）、『ジャイナ教聖典選訳』（共訳、国書刊行会）などがある。

やさしい教え!? ジャイナ教
ヤングみやざき
プ〜ン
あ 蚊だ
ピト
殺しちゃ
ダダダ…
だめ——!!
ずざあ
!?
え ちょ 何 裸…!?
いや 誰!?
ジャイナ教の開祖
マハーヴィーラです
はあ…
生きとし生けるもの みな同胞
虫の立場で考えてみて…
やさしい教えなんだね!
やさしい…?
ピクッ
ジャイナ教は**反体制**の宗教ですよ?
え?
ゴゴゴ…

紀元前6～前5世紀
インドでは
バラモンという
司祭階級がハバを
きかせていた…
バラモン
司祭階級
クシャトリヤ
王族・戦士
ヴァイシャ
平民
シュードラ
隷属階級
現代まで
続いてる
やつだ！
バラモン教は
外から来た
アーリヤ人の
多神教
アーリヤ人
先住民
ドラヴィダ人
当時
これに反抗
したのが…
我々沙門《しゃもん》の
ムーブメント!!
ジャモォ……
ツッパリ
……?
その中には
ブッダさんも…
同世代
ほぼ
同郷
おお
！
バラモンの神は
信仰しない！
神ではなく
理性的に生き方や
思想を説いたのが
ブッダさんや私
生き方を
見つめよ
神
個々の教団が
別々に活動し
ていた
ジャイナ教の
基本はこれ
不殺生
嘘つかない
盗まない
不淫
所有しない

出家修行者は徹底して行う
所有しない
それで裸なのか
空衣派のみ
私もやってる
不殺生
虫を踏まないためのホウキ
虫を吸い込まないためのマスク
当然肉は食べない
どころか…断食のすえ
死
厳密なルールのもと厳かに行われる
ええ…!?
私もやったよ
なんでそこまで…
うん
ここにはジャイナ教による世界観の捉え直しがある
生きていると魂に業《ごう》が付着する
重い…
業をふるい落として天上へ上がるために
修行をする
軽い!
解脱
しないとどうなるの？
ぐーる
ぐーる
上がれず輪廻し続けちゃう

君みたいにね
え？
ドオン
ウウ…ン
……？
プウ〜〜…ン
あれ…？僕…虫…？
あ 蚊だ
ブオオン
うわあああ
たすけ
て…
ハッ
しょわあ〜
あらゆる視点に立って考える…
これがジャイナ教の複眼的思考！
だれ!?
堀田です
仏教とは似て非なるジャイナ教の秘密お話ししましょう
ずるずる

ジャイナ教の特徴

古市　ジャイナ教がどんな宗教か、馴染みがない人も多いと思います。ジャイナ教を一言で説明してくれと言われたら、どんなふうに説明しますか。

堀田　一言で言うなら、不殺生《ふせっしょう》、すなわち生き物を傷つけないことをおそらく地球上で最も徹底してきた、非常にストイックな宗教といえるかと思います。日本で紹介する場合は、仏教とほぼ同じ時代にほぼ同じ地域で、非常に似通った環境のなかで誕生した宗教だということとも申し添えるようにしています。

古市　仏教と同じ時代に誕生したことに、なにか理由はあるんですか。

堀田　インドの歴史はアーリヤと呼ばれる人たちがインドに入ってきて始まります。そこで『ヴェーダ』という聖典にもとづくいわゆるバラモン教が力を持ってくる。そういった背景から、仏教とジャイナ教が出てくるわけですが、その成立には二つの説があります。

一つはバラモン教の保守的なあり方に対して、内側から反対する勢力が出てきたというものです。そういう宗教家がたくさんいたなかで、仏教とジャイナ教が後代まで残ったと考えられています。もう一つの説は、仏教もジャイナ教も、バラモン教とは全然違う文化を持つ東インドの地域から出てきたんだというもので、こちらは二〇〇〇年代に入ってから言われていることです。どちらの説が正しいかは、まだ決着がついていません。

古市　バラモン教とジャイナ教で大きく違うのはどういう点ですか。

堀田　ジャイナ教は、バラモン教の聖典である『ヴェーダ』の権威を認めません。また、聖典『ヴェーダ』に基づいて、祭式を行うカーストである、バラモンという身分も認めないところが一番大きいですね。

古市　当時としたら、それはかなり革新的な発想ですよね？

堀田　そう思います。バラモンが大きな力を持っている世の中で、それに逆らうのは結構思い切ったことだったんじゃないでしょうか。

古市　同時期、同地域に誕生した仏教とジャイナ教との間に、緊張関係みたいなものはあったんでしょうか。

堀田　どちらも不殺生を大事にしている宗教なので争ったりはしないんですけれども、お互いを意識していたんじゃないかと思わせるようなところはあります。たとえば、もともとは同じ言葉を共有していたのに、だんだん使い分けをしていくんですよね。こっちの言葉は仏教の人ばかりが使って、ジャイナ教の人は使わなくなっていったとか、逆にジャイナ教の人が使っていた言葉を仏教の人は使わなくなったりとか。そういう変化を見ると、お互いを意識していた部分はあると思います。

古市　主流派のバラモン教やヒンドゥー教は、ジャイナ教をどう見ていたんですか。

堀田　多数派の余裕なのか、弾圧するようなことはなかったようです。バラモン教やその延長であるヒンドゥー教から見て仏教、ジャイナ教は、聖典『ヴェーダ』の権威を認めないので異端ではあるんですが、歴史を見ると、現代のカルトを思わせるような結構危ない宗教が登場するんですね。ヒンドゥー教からすれば、そういうやばい宗教に比べると、仏教やジャイナ教はまともに見える。意見は合わないけれど、危ない宗教ではないと認識していたことは文献で確かめられます。

人数は少ないが社会的影響力は大きい

古市　ジャイナ教が殺生しないことに対して非常に厳格なのはどうしてですか。

堀田　仏教でもヒンドゥー教でも、不殺生を重視する戒律はあるんですね。だから生き物を大切にするという考え方じたいは、インド全体で共有されていたと思うんです。でも、なぜジャイナ教が他の宗教よりも徹底して、かなり極端な不殺生を守るようになったのかは、よくわかっていないんです。

古市 現代でもジャイナ教の信者は、厳密に不殺生を守っている方が多いんですか。

堀田 はい。かなり徹底しています。食事に関しては出家しているお坊さんも、在家の人も徹底して菜食主義ですし、厳格な人は職業に関してもなるべく殺生をしないような職業を選びます。そのため、金融業や商業、最近ではＩＴ関係に携わる人が多いですね。

古市 移動のときの乗り物はどうするんですか。

堀田 徒歩の場合は、自分の目で地面を見て虫を踏んだりしないかチェックできるんですが、自動車や電車、飛行機などはきちんとチェックできないので、お坊さんは乗ってはいけないことになっています。だから戒律上、インド国外に出ることができないんですね。ただ、在家の人はそこまで厳格ではないので、乗り物に乗ることもできます。

古市 現代社会ではなかなか大変そうですが、信者はどのくらいいるんでしょうか。

堀田 少し古いデータですが、二〇一一年の時点でインドの人口の〇・三七パーセントはジャイナ教徒だということです。割合としてはかなりのマイノリティですけれども、社会的な影響力は非常に大きいといわれています。というのも、ジャイナ教徒は金融業や商業に就く人が多いうえに、嘘をつかないなど、戒律を真面目に守っているので信用が厚いんですね。

古市 そんなイメージがあるんですか。

堀田　だから、経済的に成功して非常に力を持っていきますね。人口比では〇・三七パーセントなのに、所得税収の二五パーセントはジャイナ教徒が納めているんです。あと立派なお寺がどんどん建てられているのも、そういった成功者の寄付によるものが多いんです。

古市　お金に対する向き合い方はどうなんですか。

堀田　出家者はまったくノータッチですね。在家の人は金融業や商業でたくさん稼いでますけど、一定のライン以上は寄付をするという戒律があります。そういう寄付金が立派な寺院になったり、動物保護の施設になったりしているんじゃないかと思われます。

電気が生き物？

古市　堀田さんの「電気は生き物か？」という論文では、出家しているジャイナ教徒は電気も使いたがらないと書いてあってびっくりしました。

堀田　なぜ電気を嫌うかというと、ジャイナ教では、地・水・火・風という元素はすべて生き物を含んでいると考えられていることと関係しています。電気はもともと火元素からできていると考えられているから、むやみに電気に触れてはいけないし、そもそも無意味に火を起こしてはいけないわけです。

古市　火もダメなんですね。

堀田　同様に、地面も無駄に掘ってはいけないし、水も意味なく撒《ま》いてはいけない。インドは暑いんですけれど、ジャイナ教徒はうちわで扇いだりしちゃいけないんですね。風元素に含まれる生き物を傷つけてしまいますから。そうやってとにかく生活の隅々まで徹底して生き物を傷つけないように気をつけています。

古市　火や水のように電気も生き物を含んでいる、と考えるんですか？

堀田　じつは電気については、生き物ではないという結論が最終的に出たんですが、出家者の間では、なぜかいまだに電気に触れるのはタブーのままなんです。

古市　火がタブーだとすると、料理も難しいですね。

堀田　さすがに料理の火を使わないわけにはいきませんし、亡くなった人の火葬もしています。そこは無駄に使ってはいけないということで、必要であれば使っていいとされているようです。でも料理の火も、暗くなってからは、虫が火に飛び込んでくるので使ってはいけないという縛りがありますね。

古市　出家しているお坊さんのほうが火や電気についても厳格なんですか。

堀田　はい、お坊さんだけが僧院にいる時は夜でもほんとうに真っ暗ななかで生活しています。ただ、在家の人がお坊さんの話を聞きに来るようなときは、暗くて困るだろうから、在家の人が電気をつけて使用するのを妨げることはしないようです。

古市 お坊さんはパソコンやスマートフォンも使わずに暮らしているんでしょうか。

堀田 使いませんね。電気という点もありますし、モノの所有という点でもパソコンとかスマホは、インドの戒律に厳しい出家者にとってはかなり余分なものだとされていますので。

二つの宗派に分かれている

古市 ジャイナ教は誰が始めたかわかっているんですか。

堀田 世界史の教科書などでは、マハーヴィーラと呼ばれている人物が創始者だとされています。マハーヴィーラは「偉大な英雄」という意味の敬称で、本来はヴァルダマーナという名前でした。私は、この人物を「事実上の開祖」と表現しています。

古市 事実上、というのは?

堀田 ジャイナ教では、古いもののほうが権威があるという考え方なのか、マハーヴィーラよりも前に教えを説いていた人が何代もいたことになっているからです。具体的にはマハーヴィーラ以前に二三人の救済者がいて、マハーヴィーラは二四人目の救済者といわれています。ただ書かれたものを見ている限り、二四人のうちの二二人目までは神話的な人物で、二三人目は紀元前九五〇年くらいにどうやら実在していた。マハーヴィーラの両親はその教団の信者だったのではないかと聖典の記述からは考えられます。

古市　ジャイナ教の聖典とはどういうものなんですか。

堀田　これが少し複雑で、ジャイナ教には「白衣派《びゃくえ》」と「空衣派《くうえ》」（裸形派ともいう）という二つの大きな宗派があります。文字通り一番の争点は衣を着るかどうかです。いま残っている聖典は白衣派のもので、空衣派は古い教えは失われてしまったと考えます。だから空衣派は、白衣派の聖典の権威を認めないんですね。そこで一般に我々がジャイナ教聖典と言う時は、白衣派の聖典ということになります。

ということを前提として、聖典の中身に入ると、その内容は非常に多様です。物語的なものもあれば、辞書的なもの、天文学に関するものなど、さまざまなものを含んでいます。そのなかでまず押さえるべきなのは、事実上の開祖であるマハーヴィーラの伝記ですかね。マハーヴィーラがどういう生涯をたどったかは、ジャイナ教を考えるうえで非常に大事です。

古市　空衣派は文字通り一糸纏《まと》わぬ全裸ってことなんですよね。

堀田　はい、画像検索をすればいっぱい出てきます。ただ、空衣派の人全員が全裸なわけではなくて、選ばれし高僧というか、認められた人だけが全裸になれるんです。だから空衣派でも、多くの人は白い衣を着たり、ふんどしみたいなのをつけたりして歩いています。

聖典の読みどころ

古市　『ジャイナ教聖典選』（国書刊行会）という本では、堀田さんも聖典のひとつを訳していますよね。この本は、前提知識のない一般の人が読んでもわかるようなものですか。

堀田　古いもの独特のわかりにくさはありますが、興味があって知りたいという人だったら翻訳からでもわかってもらえるんじゃないかと思います。あと、仏教の経典と似ている箇所に関する注など、理解するうえでの助けとなる注も重点的につけています。

古市　お勧めの読みどころや、興味を持ちやすい箇所はありますか。

堀田　やっぱり物語になっているようなパートですかね。たとえば、在家者がどうやってジャイナ教に入信して最終的に天界に生まれたかを描いた物語があります。先ほど少し触れたマハーヴィーラの伝記的な箇所も面白いと思います。マハーヴィーラは最初バラモンの身分のお母さんのお腹に宿ってしまったんですが、それに気づいた神様がクシャトリヤのお母さんのお腹にいる赤ちゃんと入れ替えたという伝説があるんですね。

古市　堀田さんが訳したのは？

堀田　私は『ジャイナ教聖典選』のなかで、もともと宿っていたバラモンのお母さんとマハーヴィーラが出会うシーンを描いたところを訳しています。そこで、元お母さんは自分の子供だと知って涙を流し、母乳が溢れ出したりする。それをきっかけにその元お母さんとその旦那さんがジャイナ教徒になって出家したと。

古市　そういった聖典が文章としてまとめられたのは、だいたいいつぐらいですか。

堀田　現在私たちが目にすることのできる聖典のかたちになったのは五世紀ぐらいですね。何回か聖典を確定しようという編纂《へんさん》会議があり、その最後の会議が開かれた五世紀頃に確定したと考えられています。

ジャイナ教の世界観

古市　『ジャイナ教聖典選』の帯にある「付着した業を振り払い、霊魂を解き放つため、苦行せよ」という言葉が印象的でした。これはジャイナ教のコアな教えなんですか。

堀田　はい。ジャイナ教では、霊魂に物質的な業がくっつくと考えるんですね。本来、霊魂は軽くて、業がついてなければふわふわと上昇していき、解脱《げだつ》した者の世界へたどり着くんですが、業の重さが邪魔をしてそれを妨げるわけです。そこで業を取り除くための苦行が重要だとジャイナ教では考えます。だから、苦しみを先取りするんでしょうね。人工的に苦しみを与え、悪い業を落とす手段が苦行だったのではないかと。

古市　苦行の具体的なやり方は聖典に書かれてるんですか。

堀田　ええ、断食がわりとメインですね。あとは普通に瞑想するのも苦行の一種と言われています。ちょっと特殊なのは「ケーシャ・ローンチャ」といって髪の毛を手で抜くんです。

古市　髪の毛を手で抜く？

堀田　はい。男性は髭《ひげ》も、年に数回手で抜きます。これらも一応苦行と言われています。これは、マハーヴィーラが出家した時にカミソリを使わずに手で髪の毛を引き抜いたという伝説があって、おそらくそれに倣っているのでしょう。また、カミソリを使うと、毛根にいる生き物を傷つけるからいけないということを記している文献もあります。

古市　地味に痛そうな苦行ですね。

堀田　ヒンドゥー教の苦行者がするような、太陽を見つめつづけて失明しちゃうとか、何年も片手を上げたままとか、そういう難行はあまりないですね。

古市　霊魂や解脱という話がありましたけど、それは仏教のように輪廻《りんね》していくと考えるんですか。

堀田　輪廻します。仏教だと四十九日ってありますよね。あれは要するに霊魂が次の体に入って生まれ変わるまでの時間です。その間に儀礼を行うのは、よい生まれにつながると考えられているからです。それに対してジャイナ教は、亡くなったら霊魂はその体からすぐに出て一瞬の間に違う体に入るんです。

古市　いつかは輪廻から脱け出せるんですか。

堀田　必ずしもすべての人がそうなるわけではありませんが、解脱と呼ばれるもう二度と生まれ変わらない状態はあります。そのためにはまず人間に生まれることが必要なんですね。人間に生まれて教えを聞く機会を得てジャイナ教に目覚めたならば、そのあと生まれ変わりをくりかえしていけば、いつかは解脱の状態を獲得できるんです。

インドでも研究者は少ない

古市　現代のインドで、どれほどジャイナ教は研究されているんでしょうか。

堀田　残念ながらあまりされていないですね。インドにあるジャイナ教の大学に私が調査に行ったとき、その大学の先生から、インドにもジャイナ教を研究する人間なんて全然いないのに、なぜ日本人のお前がそんなことをやるんだと不思議がられました。しかも、そんなことをやってるとお前の将来は危ないと心配されて、三ヵ月間の滞在費と食費は全部チャラにしてもらって（笑）。

古市　ほんとうにいないんですね（笑）。でも、それだと日本で研究するのも難しいんじゃないですか。

堀田　私たちは主として、欧米の研究者やジャイナ教のお坊さんが残した研究を参考にしています。出家者が徒歩で全国を移動しながらコツコツと残した研究はいっぱいあるんです。

古市　堀田さんは今後、どんな研究をされていこうと思っているんですか。

堀田　なかなか悩ましい問題です。じつはジャイナ教のお坊さんやインドの大学の先生に、「私たち外国人は、どうしたらインド哲学やジャイナ教の研究に貢献できるでしょうか」と尋ねたことがあります。そうしたら、みんな口を揃えて「まずは翻訳だ。翻訳をして紹介するところから始まる」と言うんですね。そのときになるほどと思って。日本語にしたからといって簡単に読めるわけではありませんが、これからインド哲学やジャイナ教を研究しようとする人がパッと日本語で読める文献がたくさんあるのは大事だと思います。そういう考えから、今はジャイナ教だけじゃなくてインドの文学などにも手を出しているんですけど、日本語訳に力を入れているところです。

第7回

『論語』

孔子の人間臭い実像

渡邉義浩《わたなべよしひろ》

早稲田大学文学学術院教授、中国古典学者。一九六二年生まれ、東京都出身。筑波大学大学院博士課程歴史・人類学研究科修了。専攻は古典中国学。著書に『「論語」 孔子の言葉はいかにつくられたか』（講談社選書メチエ）、『はじめての三国志』（ちくまプリマー新書）、『始皇帝　中華統一の思想 「キングダム」で解く中国大陸の謎』（集英社新書）、訳書に『魏武注孫子』（講談社学術文庫）など。

論語　壮大な二次創作
ヤングみやざき
な…
ゴウン
ゴウン
ゴウン…
子曰く……
なんだあれ…
子曰く……
フフフ…私は儒学…
東アジアの規範…
国家にとってよりよい臣民となるために
お前も論語を暗唱するのダ…
ペカー
子曰く
わー
まてまて――い!!
ダダダ
ズバ

孔子さまの教えはなぁ……
ズズズーン
そんな堅苦しいもんじゃねえ…
ななな
スタ
あ!?
ヨロ…
中からおじいさんが!?
このお方が孔子さまだ!!
おう久しぶり
俺は弟子の子路
は
しっ
孔子さまはな…でっかいお人よ…
ホントにでかい…
身長2m超
春秋戦国時代の中国…世は乱れきっていた
そんな中立ち上がったのが孔子さまなのだ
こんなんじゃイカン!
すっくり

家臣は家臣
王は王
礼儀を忘れないこと
仁
礼
徳
王
家臣
父
子
これを守れば世は治まるよ
すばらしい教え
いい…けど
なんか古臭いね
ぎくぅ
当時もそう言われた…
14年間諸国をプレゼンしてまわって…
せんせい…
どこにも採用されなかったよ!
そうなの!?
し
しかし
しかし!
弟子は3千人!!
え!?
先生はナ
生徒をよく見て
一人一人教え方変えよう…
学ぶ楽しさを教え
実践が大事
弟子とも言いたいことを言い合える…
ジョークも皮肉も好き
めちゃくちゃいい先生!
猪突猛進
ひっこみ思案
口がうまい

3年～B組～！
そうよ…すばらしい先生だったからこそ
弟子たちが教えを広めたんだ
論語はそんな先生との会話録
だったのだが…
?
後世いろんな学者がいろんな解釈を加えていくうちに…
ニョキニョキ
論語
こんな姿になっちゃったの!?
メキョメキョ…
儒学とはいわば壮大な二次創作みたいなもんかもな…
ジャキーン
朱子学
仏教プラグイン
道教プラグイン
フフフ…私も朱子学は嫌いだ…
誰!?
渡邉です
しゅっ
そのへんの話しましょうかこちらで…
ワー
ずるずる

『論語』は後から書き足されてできあがった

古市　『論語』という書名はほとんどの人が知っていると思います。教科書にも載っていますしね。ただ、最初から最後まで読み通した人は少ないような気がします。『論語』って一言で言うと、どういう本なんでしょうか。

渡邉　『論語』は東アジアで最も読まれてきた古典です。一般的には、孔子《こうし》のありがたい言葉を集めた本だと思われていますが、津田左右吉《つだそうきち》という学者は、約五〇〇章ある『論語』の文のなかで、孔子の言葉や行動を伝えるものは、半分にも満たないと言います。つまり、残りの半分以上は、後世の儒者たちが孔子の名を借りて、自分の言いたいことを書いているんです。ですから、孔子を中心に、儒家の考える行動規範や人生の生き方が書かれている本と言えるでしょうね。

古市　体系立ったメッセージはあるんですか。

渡邉　ありません。『論語』は二〇篇に分かれていて、それぞれの篇には「学而《がくじ》篇」や「為政《いせい》篇」など、出だしの文字などを取った名前が便宜的についていますが、それも篇の内容全体を表しているわけではありません。

古市　篇の名前は単なるラベルなんですね。

渡邉　そうです。それぞれの篇に入っている「章」と呼ばれる文章の並びにしても、思想を体系的に伝えるようなものではなく、断片的な文章の寄せ集めに近いんですね。

古市　孔子の言葉と、後世の人が継ぎ足した言葉とどうやって見分けるんですか。

渡邉　大雑把に言えば、篇の終わりのほうになると、文章が長くなってくる。そういうところは、後から継ぎ足している可能性が高いんです。逆に、短い文章は孔子と関係が深い内容のものが多いと思います。

古市　いま、一般に読まれている『論語』は何年ぐらいかけて、何人ぐらいの人の手が入って完成したものなんですか。

渡邉　論者によって考え方が違いますが、私は、紀元前二〇〇年ぐらいから始まる前漢の時代に最終的にできあがったと考えています。孔子は紀元前五五〇年くらいの生まれで、ゴータマ・シッダールタと近い時代の人です。そこからおよそ三〇〇年ぐらいかけて、さまざまな人びとが手を入れながら形成されていったのでしょう。

古市　日本では弥生時代に当たりますね。三〇〇年もかかったんですか。

渡邉　もう少し具体的に言うと、最初は、孔子の直弟子や孫弟子たちが、孔子が言ったことを聞き取るところから出発し、前漢の頭に儒家の人たちがさらに書き継いでいったのでしょう。前漢の時代は、儒教がまだ国教になっていないんですね。当時、いちばん力があったのは老子《ろうし》の影響が強い黄老《こうろう》思想というものでした。だから、そういうライバルの思想と戦いながら、儒家の学説を紡いでいった。そのなかで『論語』にさまざまな内容が継ぎ足されていくわけです。

『論語』は哲学を語らない

古市　後世の儒者たちが新しい本を書くのではなく、『論語』を書き足していくのはどうしてなんですか。自分の名前と思想を残したいとならない？

渡邉　思考様式の違いだと思います。ヨーロッパって、古いものを打ち壊して次に新しいものを作っていくじゃないですか。それに対して中国は、古きを尊重する考え方がずっとあり、古典の解釈に自分の考え方を入れていくというアプローチをするんです。

たとえば、一二世紀に朱子《しゅし》学を大成した朱子の代表的な著作は、論語に注釈をつけた『論語集注《ろんごしっちゅう》』という本です。じつに『論語』の場合、三〇〇〇種類以上の注釈がありま す。渋沢栄一《しぶさわえいいち》なら渋沢栄一の気に入った解釈で『論語』を読む。そうやって時代に合わせた読み方ができるので、今日までずっと読み継がれているんでしょうね。

古市　『論語』に書かれていることは、当時の一般常識のような内容なのでしょうか。それとも画期的な考え方も多いんですか。

渡邉　一般的なことですね。たとえば「鬼神《きしん》を敬して之《これ》に遠ざく」という一節があります。野球で使われる「敬遠」の語源になった言葉ですが、人間が知ることができない鬼神のような存在に関しては敬って遠ざけるわけだし、「天」についてもわからないと言います。あるいは、「いまだ生を知らず、いずくんぞ死を知らんや（まだ生を知らないのに、どうして死を知ることができようか）」と、死についても掘り下げることはしない。

古市　「天」や「死後」について饒舌《じょうぜつ》に語ったりしないんですね。

渡邉　ヨーロッパ哲学の主題になってきた超越的な存在や形而上の議論はいっさいしません。人として生きていくうえで当たり前のこと、常識として考えなければいけないことを言っていくだけなので、読みやすいといえば読みやすいんです。

古市　現代人でも理解しやすそうですね。誤読しやすい箇所はありますか。

渡邉　二〇〇〇年以上前の古典なので、読みにくいところはあります。読みにくい章はどうしたって読めないんです。ただ、教科書に出てくるような『論語』の文章は、おおむね読み方が定まっているので、誤読することはないと思います。中国の文語は漢代の読み方が基本になっているので、我々が高校で習うような漢文読みで読めます。

現代の読み方は、だいたい朱子の注釈が元になっているんですよ。僕は朱子が嫌いなので、三世紀の三国時代を生きた何晏《かあん》がつけた古い注を重視して読みます。

古市　朱子が嫌い（笑）？

渡邉　一二世紀の朱子と三世紀の何晏では、だいぶ読み方が違うんですね。それから日本の場合は、荻生徂徠《おぎゅうそらい》や伊藤仁斎《いとうじんさい》が独自の読み方をしていますので、その読み方に従って読む日本の方々も多いと思います。

朱子は『論語』をどう読んだのか

古市　朱子のつくった朱子学は、古い時代の儒教とどう違うんですか。

渡邉　さきほど『論語』は、哲学的な議論を全然していないと言いましたが、朱子は逆に、非常に哲学的に人間存在を考えていくんです。有名な「性即理《せいそくり》」という言葉があり、朱子は、森羅万象は理と気から成り立っていると説明します。これを理気二元論といいます。「性即理」とは、人間の本来的なあり方は、理が貫かれているということです。でも、気が作用するために、欲望に走ったり、感情的になったりしてしまうわけです。

古市　そういうことは『論語』には書いていないんですよね。

渡邉　書いてありません。書いてないけど、朱子はいま説明したような、自分の哲学的な体系に合わせて『論語』を解釈していくんです。だから、きわめて統一的に読める。本来は書き継いでできた本だから、箇所によって言ってることはバラバラなんです。にもかかわらず、朱子は自分の学問体系のなかでそれらを統一的に解釈していったわけです。

古市　朱子が哲学的な体系をつくって『論語』を解釈したのはなぜですか。

渡邉　仏教の影響が大きいですね。漢の時代に仏教が入って来て、それ以降の時代の中国で大きな力を持つようになるんです。儒教では、孔子は漢のために『春秋《しゅんじゅう》』という歴史書を書いたという教義がありますが、その漢が滅んで儒教も大きなダメージを負いました。その間に、仏教が儒教のライバルになり、広く受容されていくわけです。

古市　渡邉さんのお好きな何晏の時代、三世紀に漢は滅んでいますね。

渡邉　漢が滅んだ後、仏教や禅のいいところを取り入れた儒教の学説がつくられるようになりました。四世紀にキリスト教でも似たことが起きています。古代ローマが陥落し、キリスト教は大きなダメージを負いましたよね。今までのように神の国がローマとは言えなくなってしまった。そこでアウグスティヌスがキリスト教とローマは違うという理屈で、キリスト教を立て直したわけです。

古市　西ローマ帝国はキリスト教を信じていたからダメになったと考えるなら、帝国の衰退とともにキリスト教も消えていてもおかしくなかったわけですよね。そこでアウグスティヌスは、ローマは欲望にまみれた地の国だったけど、神の国が教会のなかに実現しつつあると考えた。キリスト教の理論化に成功したわけです。しかも帝国の衰退と同時代にこうした論考を発表しています。儒教の場合もアウグスティヌスのような人がいた？

渡邉　中国では、それまでの前提を尊重するんで時間がかかるんですよ。朱子は儒教を体系化して朱子学をつくりましたが、『論語』ができあがってから約一〇〇〇年かかっています。

古市　朱子学以前の時代に、仏教が儒教より人気があったのはどうしてですか。

渡邉　仏教のほうが説明能力が高いんですよ。たとえば、孔子はすぐれた聖人なのに、六〇歳になっても就職が決まらず、立身出世できなかった。それはなぜかという説明が儒教はできないんですが、仏教は輪廻転生ということで説明できる。つまり、人間の生き死にや死後のことを仏教は理論的に説明できるわけです。

古市　日本でも仏教の影響力は強いですからね。

渡邉　仏教って単なる教学ではなく、国家統治の方法論まで全部持っているんです。古代日本も中国に学んで国分寺や国分尼寺《こくぶんにじ》を建てたりしていましたよね。

孔子は人間臭い常識人だった

古市　実際の孔子はどんな人物だったと思いますか。

渡邉　想像と解釈次第ですね。朱子の解釈に従うと、孔子は悪口も言わないし、嘆いたりもしない。何があっても動じない聖人なんです。でも古い注の読み方から浮かび上がる孔子は、人間臭い常識人で、悪口だって言うし、人生に疲れて嘆いたり愚痴を言ったりもする、いいおじさんです。

古市　親近感が湧いてきます。

渡邉　たとえば、いちばん愛していた顔回《がんかい》という弟子は、三〇歳過ぎで自分より先に死んでしまった。それから、子路《しろ》という暴れん坊の弟子も乱に巻き込まれて先に死ぬし、自分の子供も先に死ぬ。そんな辛い経験に重ねて、六〇歳を過ぎても就職浪人で国を放浪して回っているんです。

古市　報われない人生ですね。

渡邉　人生に悲哀を感じたくもなりますよね。古い読み方では、そういう悲しみがたまに垣間見えるんですが、朱子の読みでは全部消されてしまっています。私自身は人間臭い孔子のほうが好きです。
もちろん『論語』全体としては、そういう悲しみはあまり表に出さず、前を向いて、人として生きる道を常識的に説いていくという内容が中心です。それは決して革新的なものではなく、失われてしまいそうな古い伝統を寄せ集めて、なんとか壊れた秩序を立て直していきたいと孔子は思っているんです。

古市　当時としても、古めかしい考え方をする人だったんですか。

渡邉　孔子が生きた時代は、春秋時代の終盤です。ちょうどその頃に、鉄器がつくられるようになります。鉄器が出てくると、作物の収穫も増える一方で、軍事力も強くなるから、都市国家同士がつぶしあいの戦争をして人がたくさん死ぬんですよ。

古市　鉄は農具としても役立つ一方、強力な武器にもなります。鉄というイノベーションが時代の秩序を変化させたんですね。近代前夜において、鉄砲の発明が身分制を揺るがしたのとも似ています。

渡邉　春秋時代を支えていた価値観は、その前にあった周の周公旦《しゅうこうたん》という人が作り上げたもので、親孝行や礼など、血縁的な秩序を尊重する封建制度にもとづいています。しかし春秋の末期から戦国時代に入る時期には、そういう価値観が崩れていった。孔子は、その古い価値観を大事にして、人間としての正しい生き方や振る舞い方を一生懸命説いたんですね。でも時代遅れだから、結局受け入れてはもらえないんですが。

古市　いまの話を聞くと、戦国時代のなかで『論語』が埋もれてもおかしくないと思ったんですけど、それでも『論語』が残ったのはなぜですか。

渡邉　儒家の人びとが『論語』を継ぎ足していくことに関わるんですが、『論語』のなかには、諸子百家《しょしひゃっか》の法家《ほうか》や黄老思想が説いているようなことが、孔子の言葉として語られているんです。

古市　諸子百家というのは、春秋戦国時代に活躍した学者や学派の総称ですよね。「百家」という名前の通り、無数の思想家がいたわけで、彼らの思想も孔子の言葉として取り込まれていった。

渡邉　つまり、諸子百家の思想戦に揉まれていくなかで、儒家は自分たちの教えを守っていかねばならないので、仁や礼といった人間として最も重要な思想は動かさないけれども、法家のいう法律による統治といった要素を部分的に取り込んでいくんです。

古市　なるほど。ライバルの思想をうまく取り込むことに成功したんですね。

渡邉　そうやって経典として変化していくことによって、時代の流れについていき、漢代になって統一国家ができあがると、それ相応にふさわしいかたちで最終的に整えられた。それが現行の『論語』になったというのが私の考えです。

諸子百家の思想は混然としていた

古市　ライバルの思想を書き足していくということは、戦国時代では儒教はあまり力がなかったんですか。

渡邉　いや、けっこう有力だったみたいですね。「儒墨《じゅぼく》」と併称されるように、さまざまな思想のなかでは儒家と墨家が非常に尊重されています。儒家が仁という身近な人間への愛を思想の真ん中に置くのに対して、墨家は儒家の仁は差別的な愛だと批判して、すべての人を平等に愛さなければならないという兼愛を説きました。そういう違いはあるものの、どちらも普遍性はある教えだと思います。

古市　戦乱の時代に愛を説いたんですね。

渡邉　ただ、役には立たないんですよね。血みどろになって、我こそが中国を統一していこうという時代ですから、信賞必罰の法家や外交術を説いた縦横家《じゅうおうか》のほうが役立つ。そういう実用的な教えを説く連中からは、儒家の思想は遠回りで役立たないと批判されますが、尊重されていないわけじゃないんです。

古市　そういう批判に対する反論も『論語』には入っているんですか。

渡邉　さきほど少し触れた、暴れん坊の弟子である子路が、いわば批判者の役回りなんです。「先生の言葉は迂遠《うえん》でどうしようもないな」みたいなことを子路は語っているわけですが、これは、ほかの学派から孔子に浴びせられている批判を子路に語らせているんだと私は思います。孔子先生は、そういう子路をたしなめながら、儒家の主張を説明する。だから、孔子の言葉も当時の儒家が自分の立場を弁明するために、孔子の口を借りて語らせたものだと考えられます。

古市　孔子は変幻自在なんですね。

渡邉　ただし戦国時代の思想って、現在の世界史や倫理で教えるようにきれいに分かれていたわけでもないんですよ。近年、さまざまな資料が発掘されているんですが、それらを見ると、墨家、儒家、法家の主張を全部盛り込んでいるんです。つまり、今みたいに儒家といえば仁で、墨家といえば兼愛というふうに、思想内容が明確に分かれていない時期もあったんですね。ただ儒家と墨家だけは変な礼装をしていたので、その集団だけは外から見てもわかったようです(笑)。

どちらにせよ、儒家も墨家も論戦をくりひろげていくなかで自分の思想を研ぎ澄まし、だんだんと儒家らしさとか墨家らしさができあがっていったと考えるほうがいいかもしれません。

『論語』は日本でどのように読まれたのか

古市　日本に『論語』が入ってきた時期はわかっているんですか。

渡邉　はい。『日本書紀』や『古事記』によると、応神《おうじん》天皇の時代に、王仁《わに》という人物が文字を伝えたときに『論語』と『千字文《せんじもん》』を持ってきたという伝承がありますが、それがほんとうかどうかはわかりません。ただ、六世紀には普通に入っているのはわかっていますし、遣隋使、遣唐使も持ってきているので、日本で昔からよく読まれていたことはたしかです。

古市　六世紀ということは仏教と同じくらい古いんですね。

渡邉　ちなみに、現存している『論語』のなかで、いちばん古くて、いちばんいい状態の本は日本が持ってるんです。中国は戦乱が多いので資料がよく滅んでしまうんですね。

古市　日本では具体的にどのように受容されていったんですか。

渡邉　平安時代には、『論語』を専門的に研究して講義する博士家がありましたし、室町時代には、臨済《りんざい》宗の僧侶が一生懸命読んでいました。江戸時代に入ると、朱子学が主流となりお上の学問になりますから、湯島《ゆしま》の学問所で『論語』を読んでいましたし、各藩の藩校でも『論語』は必読のテキストでした。

古市　江戸時代は出版文化が花開いた時代でもありました。そのなかでも『論語』はベストセラーの一つだったわけですね。

渡邉　知識人なら『論語』を読んで当たり前という状況は、中国のほか日本や朝鮮や当時のベトナムなどの漢字文化圏では共通しています。だいたい七歳から一二歳ぐらいで読み終えて、全部暗唱できるようにする。文字数にすると一万三〇〇〇字ぐらいを覚えるわけです。『論語』の本って、七寸（約二一センチメートル）くらいで小さいから、子供でも持ちやすいんですよ。

古市　子供が丸暗記するものだったんですね。

渡邉　そうです。素読、つまり声に出して読んで覚えるんですね。我々も歌は覚えやすい。それと同じで、素読もリズムをつけて読んでいきますので、子供でも暗唱できるようになります。こういうのは、黙読では難しいですね。

古市　江戸時代に朱子学がもてはやされたのはなぜですか。

渡邉　朱子学はお上の体制を護持する学問体系になっているからです。そこでは、帝王学を説く聖人になる道を教えるんですね。だから朱子学がめざすのは聖人になることであり、聖人になれた人は皇帝や将軍に帝王学を教える先生になれる。人間としていちばん正しくなければいけない王を正しくしていくための学問なので、国家としては非常に都合がいいわけです。

古市　実際に役立った？

渡邉　いえ、ほんとうに政治に役に立つのかというと、大してうまくいきません（笑）。正しいことばかりでは、政治ってうまくいかないんですね。時には黒くて汚いことをやらないと政治はできません。

古市　これから『論語』を読もうという人は、どういうふうに読めばいいですか。

渡邉　まとまりがない本なので、自分の好きなところだけを好きなように読めばいいと思います。専門家でないかぎり、わからないところは無視していいんです。そこで読んだ内容を、人生の節目節目で思い出すぐらいの読み方がいい感じがします。

古市　『論語』はこれからも読まれていくと思いますか。

渡邉　読まれていってほしいですね。『論語』って、東洋人らしさ、日本人らしさの骨格の一つを成しているものだと思うんです。ヨーロッパ人らしさのある側面を聖書が作り上げているとすれば、東洋人らしさのある側面は『論語』が作り上げている。

　ただ、孔子の教え通りに生きよ、と言うつもりはまったくありません。こういうことを考えていたおじいちゃんが昔にいて、人間の本質的な原理を弟子に話していた。そのなかで、いくつかでも自分に響くものがあればいいいんじゃないでしょうか。

第8回

『西遊記』

玄奘はなぜインドへ向かったか

吉村誠《よしむらまこと》

駒澤大学教授。一九六九年生まれ、東京都出身。早稲田大学大学院博士後期課程修了。博士(文学)。専門は中国仏教思想史、唯識学。主な著書に『中国唯識思想史研究　玄奘と唯識学派』(大蔵出版)、編著に『玄奘三蔵と薬師寺』(法相宗大本山薬師寺)、訳書に『続高僧伝I』(新国訳大蔵経　中国撰述部〈1-3〉史伝部、大蔵出版)などがある。

孫悟空！　お前はどこからやってきた？
ヤングみやざき
筋斗雲で空を飛び…
ビュワァー
フー
ワ
身外身《しんがいしん》の術！
如意金箍棒《にょいきんこぼう》！
ズドウ
いやー西遊記っておもしろいなー…
そういう元の話にはないんですよね…
ボン！
え？
わあああ
ヒュー
ズドーン
私は玄奘《げんじょう》　またの名を三蔵法師…
7世紀の唐の坊主です
お師匠！
ズオオ…
でかい…
…○○○
なんかイメージとちがう…
うん
ムキィ…

これが
玄奘《げんじょう》だ!!
西遊記の私はナヨナヨしてるけどね
実際は…
玄奘ブレイン
難しい学問の世界でトップをはれる頭脳
玄奘フェイス
色白でハンサム多くの国王が惚れ込んだぞ
灼熱の砂漠
極寒の雪山
3万キロの道を踏破!
玄奘ボイス
まさに語学の天才よく通る声に皆説得される
玄奘ボディ
何万km歩いても死なない丈夫すぎる体
禁を破って唐からインドまで旅した…つわもの!
何のためにそこまで…?
お経を取りに
お経を取りに…
…
ばっ
?
この時代
仏教は最先端の学問!!
いわば民を救うためのソフトウェア開発を各地で行っていた
六識
末那識
アラヤ識
その中心はインド!!
ピシャア
インドには論文の原典がある!!
いくしかない
※ここでは論文=経典

足かけ18年…
長安
タシケント
カシミール
バーミヤーン
ガンダーラ
ブッダガヤー
ナーランダー
持ってきた経典六五七部！
それを帰国後20年かけて翻訳…
その結果
中国や日本の仏教に大きな影響を与えた…
なんかもう…
体も丈夫頭もイイ人がすごくがんばった
て話だね…
でもこれがなんで
あの「西遊記」になるわけ？
うん
すごすぎて死後尾ヒレがついちゃって
たとえばタクラマカン砂漠で倒れた時の…
しっかりせい！
幻覚を見た話が…
私が前世で何度もこいつに食べられてたって話になり…
このドクロが前世の私
？
最終的にはなぜか

従者ってことに
これが沙悟浄
なにそれ
こんな感じで各地の民話伝承などが
女をさらうサルの話
ヒンドゥー教の聖典のサル
どんどん加えられて…
千年後には
全百話!
如意金箍棒
おもしろガジェット満載!
観音菩薩
妖怪や必殺技!
玉竜
猪八戒
の西遊記に…
少年マンガみたい…
そう!
みんなが楽しめるお話になっちゃうくらい…
でっかいことをしたってわけよお師匠さまは…
フフフ…
孫悟空については新説がありますよ
ブラン
誰?
吉村です
西遊記成立の歴史お話ししますよ…
ストッ
こちらへ

オリジナル版『西遊記』のストーリー

古市　『西遊記』は日本でもテレビドラマになって何度も放映されています。オリジナルの『西遊記』ってどういう物語なんでしょうか。

吉村　基本となるのは、一六世紀末の明の時代に成立した全一〇〇回、つまり一〇〇章の長編小説です。

古市　そんなに長いんですね。

吉村　石から生まれた孫悟空《そんごくう》が、仙術や神通力を身につけて天界で大暴れしますが、お釈迦様に捕まって山に封じ込められる。これが第一～七回の導入パートです。その後、場面が変わり、天竺《てんじく》にいるお釈迦様が観音菩薩に命じて、唐から天竺までお経を取りに来る者を探させます。そこで選ばれたのが三蔵法師《さんぞうほうし》であり、孫悟空たちがお供として付くわけです。これが第八～一二回のところです。

古市　これでまだ一二回（笑）。

吉村　そして第一三回からようやく旅の物語になって、延々と第一〇〇回まで続いていくんですね。

古市　お釈迦様が自分のところに、お経を取りに来させようとしたのはなぜですか。
吉村　小説では、お釈迦様が下界の乱れを案じて、誰か立派な僧に大事なお経を託したいと思ったという説明になっています。
古市　オリジナルの小説で、ラストはどうなるんですか。
吉村　大冒険の旅を終えて、一行は天竺の大雷音寺《だいらいおんじ》にたどりつき、そこでお釈迦様と会うんです。お釈迦様は「よく来た、よく来た」と歓迎して、五〇四八巻のお経を三蔵法師に授けます。お経をもらった一行は、八大金剛《はちだいこんごう》という神様の力で、空をひとっ飛びして唐の長安に帰り、太宗《たいそう》皇帝にお経を届けます。それでまた天竺に舞いもどるんですね。
古市　最後になって行ったり来たりとせわしないですね。
吉村　それまでの八七回の大冒険はなんだったんだと（笑）。天竺に戻った一行を迎えたお釈迦様は「よく使命を果たしましたね。あなたたちはこれから天上界に生まれ変わるのです」ということを言って、天界の職を授けます。たとえば三蔵法師は栴檀功徳仏《せんだんくどくぶつ》、孫悟空は闘戦勝仏《とうせんしょうぶつ》という仏様になって成仏するんです。
古市　成仏して終わるんですね。
吉村　そもそも三蔵法師や孫悟空、沙悟浄《さごじょう》、猪八戒《ちょはっかい》はもともと天界で仕事をしていたんですが、罪を犯して地上に落とされたという設定になっています。だから彼らは地上で苦労して善い行いをしたので、天界に再び生まれ変わった、というプロットになっています。

『西遊記』の成立プロセス

古市　三蔵法師のモデルとされる玄奘《げんじょう》は、どういう人物なんですか。

吉村　七世紀、唐の時代の仏教者です。玄奘三蔵ともいって、三蔵とは「経」「律」「論」という三種類のお経に精通したお坊さんに対する尊称のことです。

玄奘は、一七年半をかけて中国からインドに渡り、お経を取って帰ってきました。自分で『大唐西域記《だいとうさいいきき》』という旅行記を書いているほか、『慈恩伝《じおんでん》』と略される『大唐大慈恩寺三蔵法師伝』という伝記にも旅の様子が詳しく書かれています。こちらは冒険物語的な要素もありますね。

古市　じゃあ、それを元祖『西遊記』と考えていいんですか。

吉村　そうとも言えないんですね。『慈恩伝』から『西遊記』ができるまで、九〇〇年以上経過していますから、その間にいろんなバージョンがあります。宋の時代の『大唐三蔵取経詩話《だいとうさんぞうしゅきょうしわ》』という資料が残っていて、これは講談の種本みたいなものです。どうやら宋代では、玄奘の伝記が面白おかしく講談のネタになっていたらしく、全一七話のストーリーに区切られていたこともわかっています。

古市　講談のネタということは、庶民も楽しんでいたということですね。

吉村　これが現存する資料では最も古い『西遊記』の原形だと考えられています。この段階ですでに「猴行者《こうぎょうじゃ》」という猿顔の従者が出ているし、のちの沙悟浄のもとになるようなキャラクターも神様として登場しています。

その後、元の時代、明の時代を通じて、だんだんと物語や登場人物が変化していき、最終的に「世徳堂本《せとくどう》」と呼ばれる一〇〇話の物語が成立しました。俗に百回本と呼んだりもします。

古市　『西遊記』は一人の作者がいたというよりも、何百年もかけていろんな人が物語を足していったというイメージで理解すればいいんでしょうか。

吉村　そうだと思います。呉承恩《ごしょうおん》という人が作者だと言われていますが、実際に信じている学者はいません。『西遊記』の元ネタは玄奘の旅行ですが、それが伝説化して講談やお芝居の種本になった。さらにいろんな講談師が種本をどんどん改良したり増やしたりして話が膨れ上がっていき、明の時代に一〇〇話というかちっとした数で再編集した人がいた。それが現在の『西遊記』になっていると思います。

図1　玄奘三蔵像（奈良国立博物館蔵）

玄奘は仏教界のインディ・ジョーンズ

古市　『西遊記』といえば孫悟空という猿のキャラクターが有名ですが、何か元ネタはあるんですか。

吉村　じつは二〇二一年に孫悟空・猪八戒・沙悟浄のルーツに関する論文を書いたんです。孫悟空は、インドの猿の神ハヌマーンじゃないかとか、古代中国の猿の妖怪である無支祁《むしき》じゃないかとか、いろいろ言われています。しかし古い時代の玄奘三蔵の肖像画を見ると、脇に顔色の蒼《あお》い男が描かれているんです（図1）。これは肌色の違う異国人の従者だと思いますが、この従者がさまざまな肖像画で描かれていくうちに、猿顔になっていきます（図2）。こうした変遷をふまえて、あくまで私の考えですが、玄奘三蔵の旅に同行した異国の若者こそ孫悟空のルーツなんじゃないかと。

古市　面白い！　モデルが実在したかもしれないんですね。もとは猿顔の人物だったのが、次第にほんとうの猿になっていった。

吉村　あくまで「かもしれない」の域は出ませんけどね。異国人の従者という説は私しか言っていませんから（笑）。

図2　唐僧取経図（安西楡林窟第3窟北壁普賢変相図の一部、西夏時代）

古市　玄奘の旅がそうやって伝説化して、物語として人気になったのは、それだけ魅力的な旅だったということでしょうか。

吉村　そうですね。当時、個人の力で中央アジアやインドを見聞し、さらに生きて帰ってきて記録として残すこと自体がまれだったので、玄奘三蔵自身は歴史上のスーパーヒーローです。もちろん仏教史のなかでも、たくさんのお経を翻訳しているという点で重要人物ですが、そんなことを知らない人でも「インドまで行って帰ってきた偉いお坊さんだ」と直感的にすごさがわかりますよね。

古市　一七年半の大冒険ですからね。でもインドに行くといっても、言葉の問題はどうしたんですか。

吉村　インドの言葉がわからないと向こうでは生活できないので、中央アジアを経て、北インドのカシミールで二年間過ごすんです。ここで語学のトレーニングのようなことをやって、それから本来の目的地であるナーランダーに行き、五年間修行するんです。さらにインド中を巡っていろんな仏教や仏教以外のことも勉強して帰ってくる。

古市　宗教者でありながら冒険家でもあったわけですね。

吉村　そうなんですよ。インディ・ジョーンズに通じるところがあるかもしれませんね。

玄奘が追い求めた「唯識」

古市　玄奘は七世紀の人ですよね。その頃、日本はせっせと中国から仏教を吸収しようとしていました。遣隋使や遣唐使の時代です。その中国で、玄奘が大冒険をしてまでインドに向かったのは自分たちが遅れているという認識があったからなんですか。

吉村　七世紀の中国は、漢訳された経典だけでもじゅうぶんに仏教が思索できる段階になっていました。天台宗の開祖である天台智顗《ちぎ》という人が、中国独自の仏教を確立したりもしています。一方で、やはり翻訳というフィルターがかかっています。特に玄奘が生きたのは、隋が滅んで唐が起こる戦争の時代で、仏教も混乱していました。正しい仏法を求めたいと思ったのではないでしょうか。

古市　玄奘がどうしても手に入れたかったものは、具体的に何かあったんですか。

吉村　ええ。それが「唯識《ゆいしき》」という仏教の教理です。唯識は、隋から唐の初めぐらいに中国でもすごく流行しているんです。でも、戦乱の時代に翻訳されているものなので、翻訳がよくない。読んでもよくわからないんですね。それで玄奘ははるばるインドまで、唯識を追い求めていったんです。

古市　じつは最近、唯識という言葉をよく聞くんです。唯識を一番シンプルに説明すると、どうなりますか？

吉村　唯識の「識」は心という意味なので、「心だけ」ということですよね。つまり、「私たちが見ているあらゆる存在は、自分の心が作り出したものである」とみる思想が唯識です。悟っていない人は、煩悩《ぼんのう》で物事を見ているから、心が作り出したイメージに惑わされる。だから心の煩悩フィルターを取る訓練をしましょう。そうすれば、ブッダと同じクリ

ア な認識を得ることができるんじゃないか。そういう心理学や現象学に通じるような教理なんです。

古市 目で見るとか耳で聞くだけでは、世界は認識できないということなんですか。

吉村 そうですね。仏教では通常、「眼識《げんしき》」「耳識《にしき》」「鼻識《びしき》」「舌識《ぜっしき》」「身識《しんしき》」の五識と、それを言葉で統合する「意識」を加えた六識で心を説明します。ところが唯識では、それ以外にも深層心理のような心があると考える。それが「末那識《まなしき》」と「阿頼耶識《あらやしき》」です。

古市 唯識では六識ではなく八識と考えるんですね。

吉村 末那識は今の心理学で言うエゴ、自我意識のようなもので、他人と自分を区別して自分を中心に物事を見ようとする心です。一方、阿頼耶識は自分自身のあらゆる過去の経験を貯蔵する心です。記憶にあることだけでなく、前世の経験や幼いころの経験もすべて貯蔵されている。この阿頼耶識に蓄えられた過去の経験が、六識や末那識が生じる基盤となるし、六識や末那識に基づいて行った現在の経験がまた阿頼耶識に蓄えられていく。そうなると、我々はいつまで経っても、過去の経験に影響された色眼鏡で世界を見続けてしまうわけですね。

「空」の大流行と仏教の危機

古市　心理学の無意識や深層心理とも近い感じがしますね。ただ色眼鏡を取って、ありのまま世界を認識しようとするには、ちょっと面倒な理論じゃないですか？　もはや理論や言葉なんていらないんだという発想もありそうです。

吉村　そうなんです。まさに唯識論の生まれる前に起こっていたことですね。紀元前後ぐらいに大乗仏教が誕生して、紀元後一世紀ぐらいに空《くう》の思想が出てきました。この空が大流行するんです。大乗仏教は「煩瑣《はんさ》な教理哲学は、仏様のほんとうの教えを伝えるのに役に立たない」と言って既存の仏教を批判した。さらに「すべては空だ」という主張で、言語で構築された理論をラディカルに破壊していった。ただ、空は既存の思想を批判するにはいいのですが、「じゃあ、何でも空なのか。修行も空か、悟りも空か」みたいな虚無主義に陥りかねないんですね。

古市　一時期の社会学みたいです（笑）。構築主義とか既存の常識を批判するには便利なんですが、発展的な議論になりにくいんですよね。

吉村　仏教の場合、修行無用論というのがいちばん問題になったらしいです。「修行も空だ。じゃあ何もしなくていいのか」となって、仏教自体が揺らいだ。これではまずいというので、「言葉は一回捨てたけど、もう一回、空を言語で理論化しなきゃ」という発想が生まれ、それが唯識論につながっていくんです。

古市 空を構造化したわけですか。では唯識を学んだ仏教徒は、きちんと具体的な修行に結びつけていったんですね。

吉村 インドではそうでした。ヨーガの修行をして、自分の心が自己や世界のイメージを作っていることを自覚し、言葉の影響力をなるべく排除して物事を直接知覚できるようにする。そういう修行をしていくのがインド風なんです。

古市 インド以外では違うんですか？

吉村 中国では、唯識的な考え方に対する反発が起こるんですね。唯識では、悟るまではずっと煩悩の世界が続きます。これに中国の人は耐えられなかった。儒教の影響もあって「いや、人間はもともと煩悩だらけではないんだ。煩悩に覆われているけど、そのなかにキラリと光るきれいな心もあるはずなんだ」と、性善説的な考え方を取るんです。

古市 ありゃ、唯識、ピンチですね。

吉村 実際中国では、この唯識と対抗して如来蔵《にょらいぞう》思想というものが流行《はや》ります。これはざっくりといえば、すべての人は仏性、すなわちブッダになる可能性を持っているという思

講談社選書メチエ　11月9日発売

仏教の歴史
いかにして世界宗教となったか

ジャン＝ノエル・ロベール
今枝由郎 訳
1650円 533534-5

インドで誕生した仏教は、多言語に翻訳されて、多様性を獲得した。日本研究国際賞受賞、フランス屈指の東洋学者による世界レベルの仏教史。

【好評既刊】

日本精神史 近代篇 上　長谷川宏　3410円 523521-8

日本精神史 近代篇 下　長谷川宏　3410円 533332-7

【学術文庫の歴史全集】

興亡の世界史〈全21巻〉
いかに栄え、なぜ滅んだか。「帝国」「文明」の興亡から現在の世界を深く知る。新たな視点と斬新な巻編成。

天皇の歴史〈全10巻〉
いつ始まり、いかに継承され、国家と社会にかかわってきたか。変容し続ける「日本史の核心」を問い直す。

中国の歴史〈全12巻〉
中国語版は累計150万部のベストセラーを文庫化。「まさに名著ぞろいのシリーズです」（出口治明氏）

講談社BOOK倶楽部　お近くに書店がない場合、インターネットからもご購入になれます。
https://bookclub.kodansha.co.jp/

価格はすべて税込み価格です。価格横の数字はISBNの下7桁を表しています。アタマに978-4-06が入ります。

講談社学術文庫　11月9日発売

藤原道長「御堂関白記」を読む

倉本一宏
1298円 532229-1

平安最大の権力者は何を〝後世に残すべき〟と考えたか？　2024年大河ドラマ『光る君へ』時代考証者が、道長直筆の第一級史料を徹底解読！

ドラキュラ・シンドローム
外国を恐怖する英国ヴィクトリア朝

丹治　愛
1441円 533830-8

急成長した隣国、増加する移民、感染症……外国恐怖症こそが彼を生みだした。ゴシック・ホラーの金字塔から読み解く、黄昏の大英帝国。

音楽教程

ボエティウス
伊藤友計 訳
1496円 533964-0

6世紀のローマで生まれた音楽理論書。音程・オクターヴ・協和など音を数比の問題と捉えて分析・体系化した西洋音楽の基盤。本邦初訳！

デパートの誕生

鹿島　茂
1221円 533965-7

豪華絢爛。お客は恍惚。世界一の百貨店「ボン・マルシェ」が次々に繰り広げた驚異の施策とは？　19世紀半ばのパリを活写した、痛快社会史!!

Marx in the Anthropocene

世界が注目する斎藤幸平、これまでの集大成！
英国で刊行された話題の書
***Marx in the Anthropocene*（ケンブリッジ大学出版）、**
待望の日本語版！

（翻訳：斎藤幸平+竹田真登+持田大志+高橋侑生）

現代の資本主義に対する処方箋として、
忘れられてきたマルクスの思想の豊穣さを掘り起こし、
これからの世の中に必要な理論を提示する！

photo:Rana Shimada

斎藤幸平（さいとう・こうへい）

東京大学大学院総合文化研究科准教授。専門は経済思想、社会思想。『大洪水の前に』（角川ソフィア文庫）でドイッチャー記念賞受賞。『人新世の「資本論」』（集英社新書）で「新書大賞2021」大賞受賞。他の著書に『ぼくはウーバーで捻挫し、山でシカと闘い、水俣で泣いた』（KADOKAWA）、『ゼロからの『資本論』』（NHK出版新書）など。

マルクス解体

プロメテウスの夢とその先

Marx in the Anthropocene

斎藤幸平

資本主義をこえていく、
新時代のグランドセオリー

定価：2970円（税込）

KODANSHA

2023
10/26
発売

ブルーバックス　11月16日発売

地球規模の気象学

保坂直紀
1210円 530092-3

偏西風、偏西風波動、貿易風……。なぜ、起こるのか？　なぜ、その方向に吹くのか？　その答えは、地球規模の大気の大循環にある。

免疫「超」入門
「がん」「老化」「脳」のカギを握る、すごいシステム

吉村昭彦
1100円 534037-0

私たちに備わった、複雑で緻密な免疫のメカニズムの基本がわかる一冊。最新研究から解明が進む、がん治療や認知症などとの驚きの関係も解説！

11月10日発売予定

現役弁護士作家がネコと解説
にゃんこ刑法

五十嵐律人／多田玲子
1760円 533793-6

罪刑法定主義／正当防衛／教唆犯etc.……人気弁護士作家とイラストレーターが可愛い「ネコ」と一緒に刑法の合理性と奥深さをユルカワ解説。

【好評既刊】……………………………… 発売即重版！

大量絶滅はなぜ起きるのか
生命を脅かす地球の異変

尾上哲治
1100円 533395-2

気鋭の地質学者が大いなる謎に挑む。約２億年前の地球で、80％もの生物種が一斉に消えた理由とは？　過去の大異変は不吉な予言か？

講談社の学芸書籍
新刊のお知らせ 2023 11 NOVEMBER

講談社現代新書 11月16日発売

謎とき 世界の宗教・神話
古市憲寿
1100円 534092-9

これだけは知っておきたい前提知識を専門家に聞いてみた！『聖書』『万葉集』北欧神話など、気軽に学び、深く味わうガイド本、誕生！

老いと創造
朦朧《モーロー》人生相談
横尾忠則
1320円 534093-6

異次元なのに腑に落ちる、唯一無二の人生相談。横尾忠則の思想をあらわす50作品をオールカラーで収録。人生観が変わります！

昭和の青春
池上　彰
1000円 533106-4

学生運動に身を投じ、高度経済成長期は猛烈に働き日本を発展させた昭和世代。彼らの青春時代の文化や歴史を振り返り、今後の役割を問う。

ダーウィンの呪い
千葉　聡
1320円 533691-5

進化論は科学に革命を起こした一方で、後継者たちに曲解され、さまざまな呪いを生み出した。圧倒的な筆力で読ませる傑作サイエンスミステリー。

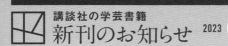

想です。中国ではこちらが優勢になり、日本も含めて東アジアの仏教は如来蔵思想が主流になっていくんです。でも唯識からすると、修行もしていないのに悟りの要素を持っているなんて大問題です。

古市　如来蔵思想だと、極論すれば、修行なんて必要なくなりませんか。

吉村　まさにそうで、唯識思想を信じる人たちは、如来蔵思想を修行無用論の元凶になるからよくないと批判するわけです。でもやっぱり人間は、「悟るまで何度も生まれ変わって修行を続ける」「悟るまでたくさんの修行階梯がある」とか「あなたは悟るまでは煩悩いっぱいだよ」と言われるよりも、「あなたにも悟りの可能性はあるんです」と言われるほうが安心するじゃないですか（笑）。だから現在の日本は、ほとんどの宗派がみんな如来蔵で、唯識はどんどんアウェーになってしまったんですね。

古市　せっかく玄奘が大冒険の果てにインドまで追い求めた思想なのに……。

『般若心経』人気の秘密

吉村　仏教の教理をインドまでたどって勉強しようとすると、最も総合的に完成された教理が唯識なので、ここにたどり着いてしまうんです。ただ中国や日本など東アジアでは、知的なトレーニングをした限られた人しかテキスト自体を読み込めないので、南無阿弥陀仏と唱えればいいとか、ひたすら坐禅をすればいいという教えには負けちゃいますよね。

古市　やっぱり簡単なほうが流行るんですか。

吉村　流行りますね。玄奘三蔵なんて、七五部一三三五巻というものすごく大量の経典を翻訳しましたけど、いちばん読まれているのは、二百六十数文字しかないいちばん短い『般若心経《はんにゃしんぎょう》』ですからね。

古市　そうか、『般若心経』って短いことが人気の理由の一つなんですね(笑)。ところで、どうして吉村さんは、こんな難しい唯識を研究しようと思ったんですか。

吉村　もともとは玄奘三蔵に興味があったんです。旅行が好きで、学生時代に中国やインドに行ったりするうちに玄奘三蔵に興味がわき、さきほどいった『慈恩伝』という伝記研究から始めました。そうすると、玄奘三蔵が求めていった唯識もやらざるをえない。ほんとうに難しくて絶対にやりたくないと思ったんですけど、やらざるを得なくなってやったら、ずぶずぶと泥沼にはまって、最終的には唯識で博士論文を出すことになってしまったんです。

古市　唯識に入門しようと思ったら、何から学べばいいでしょう。

吉村　唯識の入門書的な本は何冊かあるので、それを読むだけでもけっこうわかったような気になれます。それ以上となると、玄奘三蔵が翻訳した『唯識三十頌《ゆいしきさんじゅうじゅ》』や『成唯識論《じょうゆいしきろん》』などを読まなきゃいけなくなるので、突然ハードルがあがるんですね。そのあいだの中間的な本がないんです。でも専門家になるのでなければ、入り口ぐらいでいいんじゃないかと思います。

『西遊記』には中国文化のエッセンスが凝縮されている

古市　『西遊記』に戻りますが、いろいろと翻訳は出ているんですか。

吉村　あります。明代の百回本は中野美代子《なかのみよこ》先生が翻訳して、岩波文庫から一〇巻本が出ています。君島久子《きみしまひさこ》先生の福音館文庫の三巻本も名訳です。いろいろ読み比べてみるといいですよ。

古市　ドラマ化されているものは原作とけっこう違うんですか。

吉村　日本のドラマに関しては、日本のエンターテインメントに変えて作られているところはありますね。

ユニークなのは、女性が三蔵法師を演じていることです。最初に演じたのは夏目雅子《なつめまさこ》さんですが、これは日本オリジナルなんですよ。その後、日本では女性がずっとドラマで三蔵法師をやっていく伝統ができましたから。他にも沙悟浄をカッパにしているのも、日本独自です。カッパは中国にはいませんからね。

古市 たしかにカッパは日本の妖怪ですね。カッパの沙悟浄は日本ローカルなのか。

吉村 じつはカッパの沙悟浄がいつごろから日本で定着したのか、よくわかっていないんですよ。論文を読むと、江戸時代にすでにカッパ化されているという説もあるし、明治時代の講談でキャラ立ちさせるためにカッパと言ったという説もあります。

古市 どちらにしても、日本で変形したものなんですね。他にも、僕らがテレビで知っている『西遊記』は、けっこう日本独自の要素があるんでしょうね。

吉村 そうなんですよ。猪八戒は原作を読むと黒豚ですからね（笑）。

古市 リメイクされ続けるのは、もともとの物語の強さがあるから？

吉村 そう思います。原作のプロットさえあれば、あとはいかようにも中身をいじっても『西遊記』っぽくなる。とにかくプロットが魅力的なんでしょうね。どんな役者が演じるか、どんな演出をするかは、割と自由な感じがしますね。

古市 たまたまいま残っている一〇〇話の「世徳堂本」をオリジナルとして崇《あが》めがちですけど、実際は何百年もかけて変わってきた物語でもあるわけですよね。

吉村 そうなんです。だから私たちは、プロットさえ『西遊記』っぽかったら、どんな

『西遊記』物語でも受容していいと思うんです。百回本を全部読むなんていう人は、よほど『西遊記』が好きな人か学者しかいません。でも、どこかで『西遊記』っぽい絵本を見たり物語を見たり、ドラマを見たりお芝居を見たりして、「『西遊記』って面白いよね」と楽しめばいいんです。

古市　それでも世徳堂本『西遊記』を読む意義はある？

吉村　はい、世徳堂本の『西遊記』を読むと、どうして食事にそんなにこだわるのかとか、親子関係をどう考えるのかとか、何のために人は生きているのかとか、漢民族の人間関係のあり方や価値観がほんとうによくわかります。なぜ彼らが大きな声でしゃべって食事のときに盛り上がるのかということもわかる。中国文化のエッセンスが凝縮しているので、読むだけの価値はあると思います。とはいえ、真面目に勉強する感じで読むよりは、楽しんで読んでもらえるといいですね。

第9回

北欧神話

『エッダ』に登場する神々と巨人たち

松本涼《まつもとさやか》

アイスランド史・文学研究者、福井県立大学学術教養センター准教授。一九八二年生まれ。京都大学文学研究科修了。二〇二〇年より現職。アイスランドを対象に、中世社会における権力の在り方と人々の自意識への影響、その表現方法を研究。共著に『アイスランド・グリーンランド・北極を知るための65章』（小澤実・中丸禎子・高橋美野梨編著、明石書店）がある。

仁義なき抗争!? 北欧神話
ヤングみやざき
北欧といえば
おしゃれなデザイン…
ステキな家具…
かわいい街並み…
北欧って
イイよね
スコーン
……
ギャー
スポ
なにを甘っちょろいことぬかしとる…
ザ…
だ誰だ!?
北欧神話はな…
修羅の庭なんだよ…
ズオオオオ
北欧神話最高神
オージン
修羅!?

！
かくれろ
ズザァ
おご
ズシーン…
何ですか
あれ…
巨人
だよ
にっくき
巨人どもと
我ら神々は
ずっと抗争中
なんじゃァ…
抗争…
これが
巨人の
奴ら！
オオオオオ
原初の巨人
ユミル
大蛇
ヨルムンガンド
女神ヘル
巨狼
フェンリル
対するは
我らアース神族
オージン
雷神
トール
さらに
ヴァン神族
の奴ら
豊穣の女神
フレイヤ
三つ巴
かー

それぞれのシマをめぐる
裏切りや謀略…殺し…
そしてその果てに…
ゴォオオオオォ
世界は滅びる
最終戦争ラグナロク
ぜんぜんステキじゃない
なんでそんな神話になっちゃったんだ…
いい質問だ
北欧といえば…
そう
ヴァイキング
勇壮なゲルマン人の子孫…
ワーッ
戦いの中に生き戦いの中の死を誉れとする彼ら

彼らの思想がみっちりつまった神話なのだ
ヴァイキングの神話かー
どーりで
グジハハハッ
消えかかったゲルマン人の古い信仰が
Iceland
Norway
キリスト教化の波
ヴァイキング仕様に形を変えて北の地で保存されたとも言える…
ドカーン
その地はアイスランド
おわっ
アチチチ
メラメラ
ついに最終戦争《ラグナロク》か
ゴロゴロ
巨人どもめー!!
うおお
まってエエー!!
ヤングふるいちくんこっちです!
パカー
あなたは?
松本です
戦いだけじゃない北欧神話のほんとの所お話しします
こちらへ…
とりあえず水を…

北欧神話を伝える『エッダ』

古市　北欧神話はたびたびマンガやゲームで参照されます。『進撃の巨人』の巨人だったり、『ファイナルファンタジー』の召喚獣《しょうかんじゅう》だったり、日本語圏でも馴染みのある神話だと思います。でも、北欧神話を伝える『エッダ』については、全貌がなかなかつかみづらい。そもそも『エッダ』＝北欧神話と考えていいんですか。

松本　一対一対応ではないんですよ。北欧神話は、スカンディナヴィアの人たちがキリスト教に改宗する前に信仰していた神々についての物語です。ただ、その時代の北欧の人びとは、文字を書く習慣がほとんどなかったので、文字資料として残っていません。口頭伝承でずっと伝わっていたんです。

古市　『エッダ』が文章としてまとまったのはいつ頃ですか？

松本　一三世紀のアイスランドで書かれたものだと考えられています。ただ、その頃のアイスランド人はみんなキリスト教徒なんです。西暦一〇〇〇年ぐらいに改宗しているんですね。一三世紀にキリスト教徒のスノッリ・ストゥルルソンという詩人が、当時の口頭伝承をもとに、北欧に伝わっていた神々についての物語をまとめた。それが『エッダ』という書物です。

古市　つまりキリスト教徒によって書かれた、キリスト教が流入する前の物語ということですね。二〇〇年以上前の信仰について書かれている。

松本　北欧神話に登場する神々を信仰した人自身が書いたわけではないので、二次創作にも近いと言えると思います。オリジナルの神話に近い情報を保存しているとは考えられていますが、『エッダ』が北欧神話のすべてではないんですね。

古市　『エッダ』のほかにも北欧神話を伝える資料や発見があるんですか。

松本　そうです。『エッダ』以外に、デンマークやドイツに伝わっている資料や考古学的な発掘物から得られた情報を総合して再構成したのが、一般に北欧神話と呼ばれるものです。また、ややこしいんですが、一七世紀にスノッリの『エッダ』の元ネタと考えられている神話に関する詩をまとめた古い写本が見つかり、それも『エッダ』と呼ばれています。二つを区別するために、スノッリの書いたものを『散文のエッダ』や『スノッリのエッダ』、一七世紀に発見されたものを『詩のエッダ』や『古エッダ』と呼んでいるんです。

古市　『エッダ』にはどういう神話が書かれているんですか。

松本　たとえば『詩のエッダ』の冒頭には「巫女《みこ》の予言」という詩が置かれていて、これが『エッダ』全体のストーリーの骨組みになってます。最初に、北欧神話の最高神オージンが死者の国に行って死んだ巫女を呼び出し、その巫女から世界についての話を聞くという設定が語られ、そこから巫女が昔のことを思い出して、世界の創造について語り出していくんです。

古市 「巫女の予言」を読めば、北欧神話の大まかな流れがわかるわけですね。いろいろなサブカルチャーのネタ元なので当たり前かもしれないですが、荘厳で格好いいフレーズがたくさん出てきます。

松本 一般的な北欧神話では、最初にユミルという巨人が生まれ、後から生まれるオージンをはじめとする三兄弟の神々が巨人ユミルを殺し、その体から大地や天、太陽や月、星をつくるという話が知られています。「巫女の予言」はストーリーが少し違いますが、オージンたちが世界をつくっていくという点は同じです。

古市 殺された巨人ユミルを解体して世界がつくられるというのは面白い。キリスト教のように、一人の神が世界をつくるという設定ではないんですね。

神々 vs. 巨人

古市 巨人というのは、どういう存在なんですか。

松本　ストーリー上は、オージンたち神々と敵対する存在で、ユミルが神々に殺された後は、ユミルの子孫である巨人と神々が戦い続けるんです。最終的に、神々と巨人族が戦争をして、炎の巨人スルトが投げ入れた炎に呑《の》まれて世界は焼き尽くされてしまう。最後に世界が滅ぶのが、北欧神話の一つの特徴ですね。

古市　神々と巨人が戦い、最後には神々さえも死んでしまう？

松本　神々も巨人族も人間もすべて滅びます。でも『エッダ』では、わずかな神々と一組の人間夫婦が生き残り、そこからまた新しい世界が始まるという終わり方になってます。

古市　神話には人間も登場するんですね。

松本　オージンたちが海岸を歩いている時に拾った流木から、男と女の人間を作ったという話が伝わってます。

古市　松本さんが好きな神様はいますか。

松本　読んでいて面白いのはロキですね。巨人族の血を半分引いている神様で、オージンたちの仲間になります。いろいろいたずらをしてトラブルを起こすんですが、それが物語を進めていくので、トリックスター的な神様と言えますね。たとえば、雷神トールと仲がいいけれども、トールの妻を丸刈りにしてトールに激怒され、その埋め合わせとして小人族にグングニルという魔法の槍や、トール用のハンマーを作ってもらったりするんです。

でも、最終的にロキは、策略をめぐらしてオージンの息子バルドルを死に追いやり、仲間だった神々と反目します。この事件が、世界滅亡をもたらす最終戦争ラグナロクの引き金になり、そこでもロキは敵対する巨人族の側にまわって、神々と戦うんですね。こうしたロキの物語は『ヴァルキリープロファイル』というゲームにも反映されています。

古市 最終戦争は、実際のアイスランドの歴史とも何か関係しているんでしょうか。

松本 アイスランドって火山の噴火が多い国ですよね。そこから、世界が炎に呑まれて滅びるというイメージを噴火の反映と考える人はけっこういます。ただ、『エッダ』はアイスランドで書かれているけれど、北欧神話自体は、北欧の人々がアイスランドに移住する前に考えられていたはずです。スカンディナヴィアには火山の噴火はありませんから、噴火のイメージがはたして物語にほんとうに反映されているのかどうか、確定はできません。

古市 全然関係ないんですが、アイスランドの歌手ビョークが、火山が噴火した時にめちゃくちゃ興奮していたのを思い出しました。

松本 アイスランドの不思議なところの一つなんですが、火山が噴火すると見に行くんですよ。観光資源の一つにもなっています。

古市 『エッダ』のなかで女性はどんなふうに描かれているのでしょうか。

松本　女性は主に女神しか出てこないんですが、有名なところでは、オージンの妻フリッグとか、美と愛の女神フレイヤですかね。ただ、全体的に登場する女性も少ないし、主体的に活躍する話もあまりありません。フレイヤは、魔法を使って活躍することもありますが。

古市　どういう活躍をするんですか。他の神と一緒に戦ったりするんですか。

松本　フレイヤ自身が戦う話は残っていませんが、地上で戦死した戦士の半分はオージンのものに、半分はフレイヤのものになるという説があります。あるいは、人間の兵士を戦わせて一四〇年以上も殺し合いをさせるという話も伝わっているので、戦いに関連が深い女神だろうとは考えられていますね。

北欧神話の世界観

古市　北欧神話の舞台となる世界観について教えてください。

松本　世界の真ん中に「ユグドラシル」と呼ばれる世界樹があり、この大樹が世界を支えています。世界の上方には神々の世界「アースガルズ」、真ん中に人間の世界「ミズガルズ」があり、人間の世界の周りには巨人族の国があります。こういう世界観もゲームで使いやすいし、近年では、人間が住む世界が巨人に取り囲まれているという構図を、『進撃の巨人』がうまく使っていると思いましたね。

古市　そういう北欧神話の世界観は何から影響を受けて生まれたと思いますか。

松本　資料的にはほとんどわからないですね。世界の真ん中に木があるという神話は北欧以外にもあります。キリスト教に改宗する前のゲルマン人にも樹木信仰があったことはわかっているので、聖なる木を崇めるその周りで儀式を行うようなことがユグドラシルのイメージの原点にありそうですが、具体的な影響関係となると、なかなかわからないのが実情です。

ただ、神々と巨人族の戦いがずっと続いて結果的にみんな滅びていくという非常に厳しい世界観は、北欧の厳しい気候と関係あるだろうと言われています。

古市　僕もノルウェーに留学していましたが、冬は寒いし、日が短い。しかも気候変動で今よりもさらに環境が厳しかった時代もありましたからね。ところで、世界樹のモデルになっている木ってあるんですか。

松本　『エッダ』ではユグドラシルはトネリコという種類の木だと言われていますが、スカンディナヴィアにある特定の木がモデルになったかまではわかっていません。

サブカルチャーとの親和性

古市 なぜ北欧神話はゲームやアニメ、マンガなどで頻繁に参照されるんでしょう。

松本 ゲームには、ファンタジー的な世界観が大きな潮流としてあるじゃないですか。そういったファンタジーの世界観は、イギリスの作家トールキンが書いた『指輪物語』が大きな源流になっていますが、トールキンが世界観をつくりあげるリソースの一つが北欧神話だったんです。

古市 ファンタジーの源流にすでに北欧神話が入っているんですね。

松本 私もゲームが好きなので、北欧神話の受容史をもう少し詳しく調べてみたいんですが、日本のマンガの場合は一九六〇年代から北欧神話が使われています。どうやらワーグナーの『ニーベルングの指環』というオペラや、ドイツ文学の影響が大きかったようなんですが、一九八〇〜九〇年代にゲームの世界で使われるようになったことがあちこちで参照されるきっかけじゃないかとは思っています。

古市 『ファイナルファンタジー』や『ヴァルキリープロファイル』あたりですか。

松本 はい。私自身も北欧神話に初めて触れたのは『ファイナルファンタジーVI』だった気がします。

『エッダ』はどのように受容されたか

古市　スノッリが『エッダ』をまとめた一三世紀って、アイスランドはどういう時代だったんですか。

松本　アイスランドがノルウェーの王様の支配下に入るようになる時代です。ちょうどそのころに、北欧神話や「サガ」など、物語がたくさん書かれる。おそらくノルウェーの支配下に入るときに、アイスランド的なものを求める態度が強まったんじゃないかと思うんですね。

古市　でも、アイスランドの人ってそもそもノルウェー方面から来たわけですよね。

松本　そうです。西暦八七〇年頃から、いわゆるヴァイキングと呼ばれる人たちが中心です。

古市　それでもアイスランドのルーツを求める感覚って生まれるんですか。

松本　移った最初は、ノルウェーから完全に独立した国という意識があったわけではないと思いますね。ノルウェーの一地域みたいな感覚でしょう。でも、八七〇年から二〇〇年、三〇〇年経っていくうちに習慣や言語も変わってきます。また、アイスランドは都市も発達していないので、都市のあるノルウェーとは違った社会になっていくんですね。
たとえば、自分たちはノルウェーとは違い、集会で話し合ってなんでも決めるという習慣が意識化されれば、それがアイスランド人の守りたいものになっていく。そこから自分たちのルーツを記録にとどめておきたいという気持ちも強まっていったと考えることはできます。

古市　一三世紀以降、『エッダ』や北欧神話は、ヨーロッパでどういう広がり方をしたんですか。

松本　じつはアイスランド以外では長らく忘れ去られていたんです。ようやく一七世紀ぐらいになって、まずスカンディナヴィアで自分たちのルーツとして発掘されて、それが一九世紀のロマン主義やナショナリズムとともに、ドイツ、イギリス、フランスに大々的に広がっていったんです。だからある意味では、ロマン主義やナショナリズムによって再発見されたおかげで、現代にまで広がっていった側面があるんですね。

古市　ナチスドイツは北欧を重視しましたが、北欧神話の扱いはどうだったんでしょう。

松本　ゲルマン人のルーツとして北欧神話が注目されました。ドイツの古代信仰を伝える資料がほとんど残っていないので、北欧神話の神々がゲルマン人のルーツと見なされることもありました。二〇世紀のドイツで書かれたヴァイキングの研究書を開いた時に、ヒトラーへの謝辞を見つけたこともあります。ナチ党がヴァイキングや北欧の研究を支援していたんですよね。

古市　北欧神話は、近代化以前はあまり注目されていなかった？

松本　北欧神話に出てくるのは異教の神々ですからね。キリスト教徒の世界で大っぴらに信仰できませんよね。

古市　キリスト教が浸透していくと、オージンやトールという神はどんな扱いになるんですか。

松本　けっこう地域差があって、大陸ヨーロッパに近いデンマークに残された『デンマーク人の事績』という歴史書だと、オージンやトールのような異教の神々は駄目なキャラクターになっています。「ほんとうは神じゃないのに、偉大な人間が神として誤って信仰されてただけ」みたいな話になるんですね。一方アイスランドでは、『スノッリのエッダ』はキリスト教に改宗して二〇〇年以上経ってから書かれたにもかかわらず、オージンやトールたちは神として好意的に書かれています。キリスト教徒になって信仰してはいけない対象ですけど、アイスランドの人たちにとっては親しみのある神様のまま、物語のなかで生き続けているような感じです。

古市　現在のアイスランドではどうですか？

松本　国教はキリスト教プロテスタントのルター派ですが、小学校でも『エッダ』のような神話は教えられているし、子供向けのマンガもあるので、みんな親しんでいますね。しかも民間信仰ではオージン信仰が復活していて、アイスランドだけでも四〇〇〇人以上の信者（アウサトル Ásatrú、二〇一九年時点で四七二三人）がいるんですよ。

古市　へえ、オージン信仰ってあるんですね。人口が四〇万人に満たない国ですから、そこそこのインパクトがある数字ですよね。それは新興宗教のような集まりですか。

松本　新興宗教のように真面目に信仰しているというよりは、サークルのような感じですね。昔の風習を真似して結婚式をしてみたり、詩を読んだりといった活動なので、キリスト教に危険視されるほどの宗教になってるわけじゃないんです。

戦闘賛美のヴァルハラ思想

古市　現代人が『エッダ』を読むとどういう発見がありますか。

松本　現代といちばん違うのはヴァルハラの思想ですかね。これは、人間が戦場で勇敢に戦って死んだら、オージンの館であるヴァルハラに迎えてもらえるというものです。勇敢に戦って死ぬことはすばらしいことだという価値観は、現代にはあまりないですよね。

古市　少なくとも現代日本にはあまりないですね。
松本　しかも死後、天国的な位置づけのヴァルハラで何をするかというと、やっぱり戦うんです。朝起きたら武器をつけて戦い、戦いが終わったら宴会をする。戦士はほとんど男性なので、美しい女性のヴァルキュリアがお酒を注いでくれて、宴で好きなだけ飲み食いができる。それが楽園として描かれるのも現代と違う価値観ですよね。
古市　死んでヴァルハラに行った戦士は、ずっと戦い続けるだけですか。
松本　『エッダ』では、オージンが戦士をヴァルハラに集めるのは、最終戦争で兵士として使うためだと説明されています。実際、最終戦争の場面ではオージンに率いられてその戦士たちが出撃していくシーンが描かれてますね。
古市　当時の北欧の人びとって、そんなに日々戦ってたんですかね。
松本　毎日戦っていたわけじゃないと思いますけど、八世紀から一一世紀ぐらいの北欧は、日本の戦国時代のように、小さな勢力が戦い合って国を作っていく時期です。スカンディナヴィアから船で出て、ヨーロッパで略奪をすることもありました。物資の乏しい北欧では、商売もしてましたが、平和的な商売では手に入れられないものは略奪し、奴隷売買で生計を立てていた。現実でも戦いが多かった時代なので、戦いに積極的に行かせるために生まれた思想なんじゃないかという指摘もありますね。ちなみに、この時代の様子やヴァルハラについては、幸村誠《ゆきむらまこと》先生の『ヴィンランド・サガ』というマンガが中心的なテーマとして描いているので、それを読んでみるのもいいかもしれません。

古市　あらかじめ頭に入れておいたほうがいい固有名詞はありますか。

松本　神々で言うと、今日の話に出たオージン、トール、ロキあたりですね。ゲームにも出てくるので、知名度も高いですし。巨人族では、原初の巨人ユミルと炎の巨人スルトぐらいで大丈夫です。

古市　主神オージン、乱暴な雷神トール、いたずら者のロキ、最初に生まれた巨人ユミル、世界を焼き尽くす巨人スルトですね。北欧神話を勉強しようと思ったら、どういう本を読んでいけばいいですか。

松本　いきなり『エッダ』に挑戦するのはハードルが高いと思うんですよ。最近は、北欧神話の解説書もいろいろ出ているので、そういうものから入るのがいいんじゃないでしょうか。オススメは池上良太《いけがみりょうた》さんの『図解 北欧神話』（新紀元社）という本です。『エッダ』に依拠しながら、北欧神話が図解もまじえてわかりやすく解説されています。ただこれは図鑑形式なので、物語を楽しみたい場合は、P・コラム『北欧神話』（岩波少年文庫）や菅《すが》原邦城《わらくにしろ》『北欧神話』（東京書籍）などもいいですよ。最近翻訳されたトム・バーケット『図説 北欧神話大全』（原書房）も勉強になると思います。

第10回

『万葉集』

日本的で、中国的である理由

上野《うえの》誠《まこと》

國學院大學文学部教授（日本文学科、特別専任）。奈良大学名誉教授。博士（文学）。一九六〇年生まれ、福岡県出身。ユニークな視点で『万葉集』の新しい読み方を提案。著書に『古代日本の文芸空間』（雄山閣出版）、『魂の古代学』（新潮選書）、『万葉挽歌のこころ』（角川選書）、『折口信夫的思考』（青土社）、『万葉文化論』（ミネルヴァ書房）、『万葉びとの宴』（講談社現代新書）がある。

漢字文化の魔改造!? 万葉集

ヤングみやざき

さっきのは白村江の戦い
唐
新羅
百済
日本
朝鮮半島で日本と百済が大負けした…
唐・新羅 VS 日本・百済
万葉集の時代の話か
7世紀
8世紀
白村江の戦い
万葉集の編纂
まあそうだというより…
戦争!
政争!
国家の儀式!
万葉集自体がこれらの記録でもある
前半部分…
思ったよりハード
白村江の戦い後日本に亡命した百済人達が
そういった記録を進める原動力になったらしい
漢文が得意
しかし!
後半はちょっと違う
後半は個人の感情の記録なのだ
巻八〜巻二十
ほう!
もともとは歌いつがれるものだった歌を
文字で記録するようになった
これが大革命

「ある日」「ある時」「私が」思ったコト…
これを記録できるようになった
個人の発見だ
柿本人麿
山上憶良
額田王
大伴家持
そうか…たしかにすごいかも
ところでこの文字というもの…これは中国のものだ
文字
だから万葉集も…
銀母金母玉母奈尓世武
禮留多可良古尓斯迦米夜
反歌
哀世間難住歌一首并序
中国語…!?
純粋な中国語ではない…ここが日本の面白さ…
?
よく見て漢文と和文…
和文の中身は…
漢字の音読みと訓読み…
題詞
漢文
序
長歌
和文
反歌という標示
漢文
反歌
和文
（典型的な万葉集の構成）
音読みで和語を表す音仮名
漢字訓読み
銀《しろかね》母《も》
金《くがね》母《も》
玉《たま》母《も》
奈《な》尓《に》世《せ》武《む》尓《に》
全部ごった煮!!
すごい工夫

いわば中国文化の広がりの周縁で
中国
咲いた独特な花…
それが万葉集…日本文化なのだ
ワイワイ
ドヤドヤ
なんだ？
あきはぎの〜
芽子乃下葉赤
したばもみちぬあらたまの〜
つきのへぬればかぜをいたみかも〜
？
みんなで歌を…？
はやり歌だね
地方に赴任した官僚が催す行事だよ
歌がこんなに身近なのか…
当時の人々は何千首もの歌を歌い継いでいた
この歌へのエネルギーが万葉集を生んだともいえる
カラオケ文化みたいだね
そう！
その陰に歌の流通チェーンも…
ひゅるるる
誰!?
上野です
どーん
あ…すいません
中国文化と切っても切れない万葉集のこと
お話ししましょう

もっとも日本的で、もっとも中国的

古市　『万葉集』に載る、一首や二首なら知っている人は多いと思います。「令和」という元号が決まった際にも注目されました。ただ全体像と言われると、なかなかイメージが湧かないんです。一言で言うと、『万葉集』ってどういう作品ですか。

上野　八世紀の中頃に編纂された日本語の歌集です。大陸から日本に文字が入り、文字を書ける人が増えてゆきました。口頭でやり取りをしていたものを漢字の音だけを使って、書き写すことができるようになったのです。文字のない時代だって当然歌はありましたが、中国から『文選《もんぜん》』という優れた漢詩集が入ってくると、「俺たちにも文化あるんじゃね？」と歌を集めだしたのが、七世紀後半の持統《じとう》天皇の時代です。そうやって先行歌集ができて、歌が蓄積されていった。その蓄積を集大成しようということで編纂されたのが『万葉集』です。

古市　『万葉集』は現存する最古の歌集と言われますが、先行歌集はあったんですか。

上野　ありました。七世紀後半に宮廷のなかで作られているし、それ以降もたとえば柿本人《かきのもとのひと》麻呂《まろ》歌集とか田辺福麻呂《たなべのさきまろ》歌集のようなものがポコポコできるんですね。そういう歌集を集めて歌を取捨選択し『万葉集』として編纂されたと考えればいいと思います。

古市　『万葉集』で歌われている和歌って、中国からの影響も大きいんでしょうか。

上野　もちろんです。私は、『万葉集』はもっとも日本的と言われるけれど、同時にもっとも中国的でもあるとくりかえし言ってきました。

『万葉集』に出てくる「古」は、神代の古だけではありません。「古＝中国」「今＝日本、私」という軸もあるんです。だから常に漢詩を意識しないと、和歌って出てこないものなんですね。

古市　真面目に中国を学んでいたんですね。

上野　導入初期の文化ってそういうものなんです。真面目に学びすぎて、本国にもないものが化石化して残ってしまうことがあります。

ピアノ教本のバイエルも、ドイツでは使わないと言いますよね。デミグラス・ソースも残っているのは日本だけという話もあります。古市さんが大学院にいた頃もマックス・ウェーバーだけやってる人とかいなかった？

古市　僕の頃はアンソニー・ギデンズとか人気でしたね。イギリスの友人は苦笑いしていましたけど。

『万葉集』には漢文があふれている

古市　『万葉集』がもっとも中国的ということですが、本文中からもそれがわかるポイントはありますか。

上野　たとえば『古今和歌集』って序文以外、漢文排除なんですよ。でも『万葉集』は題詞がまず漢文だし、左注といって歌の後ろについている注記も漢文です。あるいは巻五には、漢文の序文がついている歌がたくさんあるんですよ。

古市　『万葉集』に漢文のイメージはなかったです。

上野　たとえば「銀《しろかね》も　金《くがね》も玉も　何せむに　勝《まさ》れる宝　子に及《し》かめやも」という山《やまの》上憶良《うえのおくら》の有名な歌がありますね。これは教科書では省いているけれど、漢文の序文がついているんです。そこには、お釈迦さまでさえ実子を愛する気持ちがあったんだから、仏教徒である私たちも子供を愛することに否定的にならないでおこうという趣旨のことが書いてあります。仏教では、子供や家族を大切にすると悟りの妨げになると考えられていたんですね。なぜなら出家できないから。序文をつけることで、子供をいつくしむ歌を歌う理由を示したわけです。こういう形式も、後の時代に継承されませんでした。

古市　中国的でもある『万葉集』は、当時の中国では読んでもらえたんですか。

上野　いや、絶対ないと思います。絶対と言い切るのは辛いですが、ないと思います。同時代の『懐風藻《かいふうそう》』という漢詩集があるのですが、中国の詩を自分の作品だとして丸写しで発表した作品もあるんです。そのようなレベルだったんですね。

オールジャパンの歌集になったのはなぜか

古市　『万葉集』全体のコンセプトってあるんですか。

上野　『万葉集』は、中国の『文選』を手本としています。『万葉集』には雑歌《ぞうか》、相聞《そうもん》、挽《ばん》歌《か》という三つの分類があって、これを「三大部立《ぶだて》」といいます。雑歌は、宮廷の大切な行事や旅に関わる歌のグループ。相聞は恋歌、挽歌は死に関わる歌と考えていいでしょう。

古市　『文選』は六世紀前半に成立した詩文集で、日本でも広く読まれたといいますね。

上野　三大部立は『万葉集』を貫く基軸で、「俺たちも一応歌の分類できるよ。一応『文選』に沿ってるよ」ということを示す枠組みなんですね。

それから、おそらく二〇巻を目指したいがために、「末四巻」といって一七、一八、一九、二〇は大伴家持《おおとものやかもち》の歌日記をそのまま入れちゃってるんですね。だからこの四巻は、私的な日記が入っているんです。

古市　終わりの四巻は数合わせのような感じで、個人の歌日記を入れているんですね。

上野　そう思います。ただ、私的な日記が残っているのは、僕らにとってはたまらないことなんですよね。大伴家持の人生を追体験できるわけですから。大伴家持はよく、派手な女性遍歴の人だって言われるけど、それはかわいそうです。日記が載せられているから女性関係がわかっちゃっただけで、当時としては特別なことじゃないんですけどね。

古市　『万葉集』には地方の人や庶民の歌が収められているとよく言われますけど、それにはどういう意図があったんですか。

上野　ローカルなものを大切にするっていうのも、じつは中国の儒教文化なんですよ。中国最古の詩集とされる『詩経』のなかに「国風」というのがあります。国の民謡です。簡単に言うと、中央から派遣された役人は、受け持つ地域の民衆の歌をよく聞けということなんですね。民衆の歌のなかに、その地域の生活がある。だからその歌を聞いて、民衆たちを大切にする政治を行えという思想なんですね。こうした考え方を取り入れて、『万葉集』でも広く民の歌々を集めようとしたのです。それで歌集全体が、オールジャパンという体裁になっているんです。

地方に歌が広がった理由

古市　実際のところ、東北の人とか防人《さきもり》とか、ほんとうに地方の庶民が詠んだ歌はどのくらいあると思いますか。

上野　日本の場合、国司が中央から地方に派遣されるわけですよね。でも国司《こくし》が任地で仕事をこなすためには、その地の有力者である郡司の協力が不可欠なんです。郡司《ぐんじ》との関係が悪くなると、国司たちは生命が脅かされることだってあります。その地に根を張る郡司たちは、武力も持っているからです。今の役人も、同じですよ。彼らは、早く中央に帰ることしか考えてないんだから。とにかく、仲良くが基本です。

古市　中央から派遣された国司だからって偉そうにはできない。

上野　国司は郡司やその息子たちを、宴を開いてもてなすんですね。宴を開けば、歌を歌う。宴を通して、都の歌のかたちが地方に広がり、郡司のような地方の知識人層も歌を作るようになるわけです。

古市　歌がコミュニケーションツールだったんですね。

上野　しかも郡司の息子たちは、国司の斡旋《あっせん》で中央に行くようになりますし、それが何代か続くと、地方の豪族の息子なんだけれども、ほとんどの生活を都でしているという人も出てくるんですよね。

古市　地方の豪族は都や中央に行きたかったんですか。

上野　おそらく都でのキャリアを持って地方に帰ると、そのキャリアがむしろ地方で活きると思うんですね。面白い例を一つ挙げると、『万葉集』のなかに「采女《うねめ》の　袖《そで》吹きかへす　明日香風《あすかかぜ》　都を遠み　いたづらに吹く」という歌がありますよね。

古市　天智天皇《てんじ》の子である志貴皇子《しきのみこ》の歌ですね。

上野　采女というのは、朝廷に仕えて雑事の世話をする女性たちで、その多くは郡司の娘さんたちなんですよ。一旦、宮中に上がったら、あわよくば天皇の子供を宿す。そうしたら大出世ですよね。さらに、その子供が天皇になったら、大々出世です。それがダメでも一定年齢に達したら、地方に帰されるんです。帰されたら、その地方に国司たちがやってきたときの接待役になるんですね。

古市　たしかに中央の文化も知っているわけで、接待役には適任ですね。

どうして五音と七音なのか

古市　『万葉集』に入っている歌は、どれも五音と七音の組み合わせですよね。日本語の可能性としては、五音や七音以外だってあり得たと思うんですけど、五と七になったのはどうしてなんですか。

上野　五音と七音に区切れているというのは、文字があるから確認できることですよね。声に出すだけなら、音数なんていらないんですよ。どこかを伸ばせばいいんだから。

だから、おそらく書く文学が生まれることによって、音数律を守るというルールが固まっていったんでしょうね。音数律さえ守れば、何とか歌らしく聞こえる。しかも『万葉集』は歌を漢字で書いているでしょ。音数の決まりがなければ、どこで区切って読んだらいいか、わからないじゃないですか。逆に言えば、『万葉集』は音数律があるから読めるんですよ。

古市　『古事記』なんて読めなくなっていたわけですよね。

上野　そう、『日本書紀』は漢文だから読めるけど、『古事記』は独自の変体漢文なので、江戸時代に本居宣長《もとおりのりなが》という天才が現れるまで読めなかった。

古市　『万葉集』の場合、五音句、七音句に区切ることが読解のヒントになっているわけですね。

上野　『万葉集』時代の日本列島には五音句や七音句以外の歌もたくさんあったはずで

す。でも、宮廷が五音句と七音句を採用して、日本の歌の基本形式とした。なかでも五・七・五・七・七のかたちをとる短歌体が中心になった。それが『万葉集』に収められたのです。このかたちが、「やまと歌」の伝統を形作ってゆくわけですね。おそらく文字を書くことが普及することによって、音数律を守るというルールが固まっていったんでしょうね。

古市 やっぱり五音、七音以外の歌もいろいろあったんですね。

上野 たとえば『古事記』に出てくる歌だって、三音とか四音があるんですよ。『万葉集』の最初の歌も、三音、四音から始まっていますから。

古市 文字に残すことで、いろんなバリエーションがあった歌が五・七・五に標準化されていった。それは、編纂者の意図も強く働いているんでしょうか。

上野 そうでしょうね。編纂者と目される大伴家持は「拙劣の歌は取り載せず」と書いているんですよ。下手な歌は載せないということは、一定の基準があるってことじゃないですか。

たとえば今の民謡でも、刈干切唄《かりぼしきりうた》って綺麗なメロディで叙情的な歌を歌うんですが、実際には夜になると歌う晩歌といって、いかがわしい歌がいっぱいあるんですよ。でも、教育委員会が刈干切唄集を編纂しましょうとなったら、そういう歌は載せられませんよね。

古市　『万葉集』の歌って、当時はメロディをつけて詠んだんですか。

上野　そうだと思いますね。宴会のときに呼ばれる人がいるんですよ。あいつ来てほしいって。そういう人は、特定の歌唱法に対して高く評価されているんですよ。「あの人のメロディラインいいね」とか「あの人の声いいね」とかね。

人と物の壁が低い

古市　当時の七世紀、八世紀の人たちの感性は、我々と大きく違うのか、それとも共通する点も多いのか。上野さんはどういうふうに考えていますか。

上野　たとえば私が中学校や高校に講演で呼ばれたら、「一三〇〇年経っても変わりませんよ」と言いますね。でも、『万葉集』を少しかじっているような人たちを前にした講演だと「折口信夫《おりくちしのぶ》先生が言ってるように、古代には古代の論理というものがあって、それを理解しない限り読めないんじゃないでしょうか」と。私はそうやって使い分けますけど。実際は両方の側面があると思います。

古市　現代人と違うメンタリティはどういう点ですか。

上野　たくさんの女性を愛し、たくさんの女性と交際をするということは、古代社会においてはステータスなので、非常に重要なことですよね。
中央から派遣された役人が離任して都に帰っていくときに、遊女が来るんですよ。遊女がたくさん来た方が名誉なんです。遊女のような人たちにまで気を配っていた役人として高い評価になるんです。だから遊女の歌が宴席で歌われ、そういう歌が『万葉集』に収載されているんですね。本人にとっては名誉です。こういう人たちにまで愛されていたということだから。
あと人間と物との壁が低いというのもありますかね。

古市　人間と物の壁が低い？

上野　ええ。我々はよく物を人間のように表現すると、擬人法だって言うじゃないですか。でも古代の人にとっては、擬人法でも何でもなく、「船が港に来ないから港が寂しがっているだろう」なんていうのは当たり前の表現です。アニミズム的感覚だと、人と物の垣根がきわめて低いので、草木が喋り出すのも不思議じゃない。

古市　日本は多神教ってよく言われますけど、あらゆるものが生きているという考えの延長に、多神教の世界があったと考えていいんですか。

上野　キリスト教も多神教的側面はありますよね。マリアがいて、ヨセフがいて、それぞれの都市に守護神がいますから。でも、キリスト教では新しい神様は増えないじゃないですか。ところが日本の多神教っていうのは、とめどなく増えちゃうんです。

古市　何でも神になってしまう。

上野　なりえますよね。そういう世界だと、山に挨拶をしたいとか、港が船を待ってかわいそうだという言い方がしっくりくるわけです。宗教史では、平安時代になると「山川草《さんせんそう》木悉皆成仏《もくしっかいじょうぶつ》」と言うようになる。山も川も草木もすべてのものが成仏できるんだと。伝統的な漢訳仏典では、そんなことはありえないんですね。犬に仏性があるのかどうかで論争になるわけだから。

古市　仏教の受容においても、アニミズム的な感覚がまじっているんですね。上野さんは『日本人にとって聖なるものとは何か』（中公新書）で、持統天皇の「天の香久山《あまのかぐやま》」の歌について説明していますよね。

上野　「春すぎて　夏来にけらし　白妙《しろたえ》の　衣《ころも》ほすてふ　天の香具山」ですね。

古市　この歌は、山にたくさん白い衣が干されているんじゃなくて、山が白い衣を干しているという解釈もあるというのが面白いですね。

上野　中世まではその解釈が主流でした。「山だって干すよ」って。ところが物を生物と無生物に分けるようになると、そういう解釈は排斥されますよね。

江戸時代まではマイナーだった

古市　『万葉集』って、のちの時代もずっと読み継がれてきたんですか。

上野　いえ、平安時代に『古今和歌集』ができてからは、一気にマイナーな文学になってしまいました。平仮名、片仮名が普及すると、漢字だけで書かれている『万葉集』は難しい書物になってしまったんですね。平安時代の文人たちでさえ、ほとんど読めなくなっていたといいますから。

古市　『万葉集』のピンチですね。

上野　ところが江戸時代になると、日本のルーツ探しが始まります。そうするとより古い書物の方がいいわけですよね。それで江戸時代初期、猛烈な『万葉集』の研究が始まるんです。近代になって国民国家ができると、まさに『万葉集』こそ"This is Japan"の象徴になるので、さらに熱心に研究されていく。長らくマイナーだった『万葉集』が近世近代になって一気に加速してメジャーになってゆくんです。

古市　『万葉集』って書き下し文にすると、『古今和歌集』や『新古今和歌集』よりも読みやすい気がするんですが。

上野　やっぱり漢字がネックだったんでしょうね。たしかに表現の構造そのものは、『万葉集』の方が単純でわかりやすいんです。多くは宴で歌われた歌なので、その場でウケたいわけですよね。それに口から耳への歌は、そんな難しい表現を使いません。一方で、『古今和歌集』や『新古今和歌集』になると、文字で発表して人から高い評価を得たいと思うようになるわけです。

古市　『万葉集』はあまり技巧的じゃない？

上野　技巧的な要素もあるんだけれど、我々だって、書き言葉より聞いてわかる言葉のほうがシンプルじゃないですか。

古市　そうですね。和歌でよくいう本歌取りは『万葉集』にはありますか。

上野　自然な本歌取りで作りますよね。過去の表現を変えながら自分で表現を作るので、『万葉集』のなかで元を辿れる歌もあるし、辿れない歌もいっぱいあります。本歌取りは中世の技巧として意識されただけであって、どんな歌だってすべて本歌取りしながら学習して作っていくんですよ。

古市　当時の人は即興で歌を作れたんですか。

上野　予作《よさく》というのがあるんです。予想の予ね。今日ひょっとしてこんな歌を詠めと言われるかもしれないと、リサーチをしたり、準備をするんですね。もしくは人に頼んじゃう。斉明《さいめい》天皇の「熟田津《にきたつ》に　船乗りせむと　月待てば　潮もかなひぬ　今は漕ぎ出でな」という戦争前に兵士を鼓舞する歌がありますが、額田王《ぬかたのおおきみ》作と伝えている資料もある。大臣の挨拶文を秘書が書くのに似ていますね。

『万葉集』には人間の原初的な姿がある

古市　『万葉集』と他宗教の聖典や古典文学とを比べて見えてくることってありますか。

上野　中国は、現代に至るまで恋愛文学が発達しない国なんですよ。なぜかと言うと、中国では文学が政治ときわめて深く関わっているからです。中国で文は志を述べるものだし、しかも男性のものなんですね。漢詩作家で、女性って挙げられないじゃないですか。

古市　たしかにぱっとは思い浮かびません。

上野　挙がっても一人か二人ですよ。男女が共に歌を書き合うかたちがあり、なおかつ女性の歌がこれだけ残っている歌集は世界的に見てもない。「日本は世界に先駆けて」というのはあまりにも安易な言説だから言わないけれども、男女で掛け合うような恋愛文学がこれだけ残っている国は世界的にないんですね。そういう意味では、人類の原始的な姿を残している歌集と言えるかもしれません。

古市　世界の他の地域でも、もともとはそういうかたちがあったんだろうけど、文化によって淘汰されてしまったんでしょうか。

上野　というよりも、日本は文字学習の期間が短いんですよね。中国は文字学習が数千年あっての古典じゃないですか。日本って基本的に、ずっと無文字社会でやってきて、三世紀ごろからようやく文字学習が始まって、八世紀の頭に『古事記』『日本書紀』ですよ。文字学習の蓄積が小さいので、プリミティブなものが残っているんだと思います。

第11回

『禅と日本文化』

日本仏教はなぜ多様なのか

碧海寿広《おおみとしひろ》

宗教学者、武蔵野大学文学部教授。一九八一年生まれ、東京都出身。専門は近代仏教研究。慶應義塾大学経済学部卒、同大学大学院社会学研究科博士課程単位取得退学。博士（社会学）。著書に『近代仏教のなかの真宗』（法藏館）、『入門 近代仏教思想』（ちくま新書）、『仏像と日本人』（中公新書）、『科学化する仏教』（角川選書）、『考える親鸞』（新潮選書）など。

ZENぜんわからん禅のこと
ヤングみやざき
カポー!…
風流だなあ…
日本古来の伝統…
Sado
Bushi-do
Suiboku-ga
これこそZENですな
ゴゴゴゴゴ
!?
なあにを
知っておるのじゃ禅の…!
メキメキキキョ
わわわ
ぬうぅん
わしは達磨大師《だるまだいし》
禅宗の始祖…
だるまさん!?
禅てのはなあ…
革新的!
でありながら超保守派!
というスゴイもんなんじゃぞ
?
どゆこと
?

まず禅宗てのは
唐のちょい前に中国でできた仏教の一宗派
インドから来て9年間瞑想ののち…
じっ…
悟ったわし
カッ
のもとで生まれた宗派
という話になってるが…
大事なのはここ！
その頃仏教は
経典を中心にした学問体系になっていた…
経
これにNO！を唱えた集団
NO
瞑想こそが大事！
モア
言葉
これが禅宗なのじゃ
中国から日本に禅を持ち帰った者たち…
彼らも苦労した…
なんで？
臨済宗
栄西
曹洞宗
道元
京都の仏教勢力にめっちゃ弾圧されたのよ…
えー…
彼らを守ったのが…

鎌倉幕府!
武士!
既存勢力
うぉ〜〜
鎌倉時代には禅宗以外にも多くの宗派が生まれた…
天台
真言
臨済
曹洞
浄土
浄土真宗
日蓮
ニョキ
ニョキ
これがニューウェーブ鎌倉新仏教
仏教ってのはおもしろい…
古くなった教えから新しい潮流が生まれつづける
いわば変化を内包した宗教なんじゃ
川を渡ったら古いイカダ《教え》は捨てていきなさい
とブッダ自身が言っとる
そっか…
禅っていっぱいあるうちの一つなんだ
禅には他にはない特徴がある!
言葉によらず悟りをめざすところ!
瞑想
自我
無意識
集合的無意識
宇宙的無意識
自己の中に深くふか〜く降りて宇宙とつながるのじゃ
元祖
なんせブッダがやってた方法じゃこれこそ正統!
まてよ…言葉を使わずにどう教えを伝えるの?

矛盾した言葉で問答したり…
禅問答
言葉によらない表現で伝えることも…
?
たとえばこうじゃ!!
バチコーン
※こんなのばかりじゃありません
えええぇ!?
ハッ
ぐにゃあ。。
……なんだここ…
パチ
悟った!?
ただの気絶じゃな
ガバア
わけがわからないよ…
そうでしょう
誰!?
ザ…
碧海です
そんな禅をなんとか言葉で世界に広めた人がいます
彼の功罪…お話ししましょう
ずるずる〜

『禅と日本文化』の特徴

古市 『禅と日本文化』は、一言で言うとどんな本ですか？

碧海 一言ですか。近代日本あるいは二〇世紀を代表する鈴木《すずき》大拙《だいせつ》という仏教者が、欧米人向けに禅の思想とそれが日本文化に与えた影響を比較的わかりやすく解説した本ということになると思います。禅に影響を受けている日本文化として取り上げられている事例は、墨絵や茶道、俳句などですね。あと武士道や剣術も取り上げられていて、それぞれ詳しく説明されています。

古市 そもそも「禅」とは何ですか？

碧海 最初に、ごくごく一般的な説明をしておきますね。禅は、仏教の一つの宗派、あるいは流派です。仏教は約二五〇〇年前、インドでブッダが悟りを開いて、その教えを説いていったところから始まります。それが中国に伝わって、中国人的な仏教の捉え方として発展していった仏教宗派の一つが禅ということになります。ですから、インドの仏教と中国思想の組み合わせとしてできあがった側面がけっこうあるんです。

古市 誰が始めたかはわかっているんですか。

碧海　禅の開祖は達磨大師《だるまだいし》といって、縁起物の達磨さんのもとになった人です。達磨大師は何年も壁に向かって瞑想して悟りを開いたと言われています。この達磨さんから始まって、禅は中国でさまざまに展開していった。それが日本にも伝わり、臨済《りんざい》宗や曹洞《そうとう》宗などの禅の宗派が広まりました。特に有名なのは曹洞宗の道元《どうげん》ですね。

古市　いわゆる鎌倉仏教の時代ですね。

碧海　禅は、日本でも伝統的な仏教宗派として発展しましたが、そこから鈴木大拙がどう禅を捉えたかというと、また新たな展開を遂げていくわけです。

大拙もまた、禅の修行をして悟りを開いた人ですが、彼は日本のお寺や僧侶たちがするような伝統的な説明方法を取らないで、欧米人にもわかるように、禅を再解釈して説明することを試みています。たとえば、アメリカ流の心理学や哲学的な考え、あるいはキリスト教的な宗教理解なども混ぜ込んで、新たに禅を再構築したようなところがあります。

そのエッセンスは、第一章に書かれていて、禅の修行の目的は「悟り」の獲得だと断言している。そして悟りというのは「日々の暮らしの経験の中に新たな意味を発見することだ」と主張しています。こういうシンプルな説明から始めて、より深いところに入っていくというのが、鈴木大拙的な禅の語り方なんです。

剣術に紙数を割いている理由

古市　大拙は「禅とは何かを主張したかった」のか、それとも「禅を使って日本文化を伝えたかった」のか、どちらに力点が置かれているんですか。

碧海　難しい質問ですけど、両方を考えているでしょうね。最大の目標は仏教・禅のほうにあるんですけど、この本を構想し始めている一九二〇年代、三〇年代あたりは、海外で日本文化に対する関心が高まっていた時期でもありました。だから禅という仏教の一宗派の思想を伝えるだけじゃなく、一緒に日本文化も伝えていきたいという思いも強くあったはずです。そうすれば、より多くの人が興味を持ってくれると考えていたんじゃないでしょうか。

古市　本のなかでは、武士道や剣術にかなりのページを割いてます。これにはどんな意図があったんですか。

碧海　『禅と日本文化』は、一九三八年に最初の版が出版され、それから一九五九年に大幅に加筆した版が出版されています。ということは、剣術論も、日本の軍国主義が色濃くなる一九三〇年代の半ばにまず書かれ、それから、日本の敗戦後の一九五〇年代に大幅に加筆されたことになります。

古市　一九三〇年代半ばと一九五〇年代後半ではまるで時代背景が違いますよね。

碧海　武士道や剣術に関する記述が多いのは、一九三〇年代当時の日本の社会状況と関わっていると思います。この時代は、国内でナショナリズムが高まり、日本が中国と戦争していく時期にあたります。ですから、日本文化でも戦争とつながるような側面が、もてはやされていたんですね。

それをふまえると、武士道や剣術など、戦うための精神性や技術が、仏教あるいは禅といかに深く関わっているかをアピールすることは、戦略的には的確でした。それで剣術については長々と書いたりしているわけです。

戦後の大拙は、おそらく、日本軍の悪印象を、日本の剣術の「聖なる」側面を声高に述べることで打ち消したかったのでしょう。それでさらなる加筆をしたのだと思いますね。

古市　現代人が読んで、ここは面白いというパートはありますか。

碧海　俳句の章ですかね。俳句という短い詩のなかには、人間と自然の出会いのようなものが圧縮して描かれている。それは禅の精神と通じているんだということを、俳句への愛着が感じられる筆致で綴っています。また、芭蕉《ばしょう》や蕪村《ぶそん》の作品を綿密に読み込んでいくくだりは、俳句批評として読んでもなかなか面白みがあります。

俳句を詠む人はけっこういますが、剣術や武士道は縁遠いと思いますので、俳句の章から入るのがいいんじゃないでしょうか。

古市　西洋の詩や宗教的な詩との対比もしていますよね。

碧海　ええ。大拙は文学的な感性も鋭かったんでしょうね。文章も非常に明晰で美しいんです。

海外でどのように受容されたか

古市　鈴木大拙がこの本を書いた狙いとしては、「海外に伍する文化や宗教が日本にもある」ということが根っこにはあったんでしょうか。

碧海　「キリスト教と通じる部分が禅の中にもある」といったくだりもたしかにありますが、どちらかというと欧米人に対して、今後の人間の生き方を考えるうえで、東洋の英知が役に立つといった趣旨のほうが強い気がしますね。

古市　実際に海外ではどのように受け止められたんですか。

碧海　最初に出版された一九三八年当時は、東洋思想や日本文化に興味を持つ一部の先進的な人びとからは反響がありましたが、それほど広がりはありませんでした。しかし、戦後の一九五九年に増補改訂版が出版され、そちらはたいへんな反響を呼ぶんですね。

古市　話題になったのは増補改訂版の方なんですね。いったい、何があったのでしょう。

碧海　当時はヒッピー文化やカウンターカルチャーなどが盛り上がっていた時期で、西洋文明に疑問や行き詰まりを感じる人びとがかなり増えていました。そうした人びとにとって、『禅と日本文化』は、西洋文明の行き詰まりに対する新たな精神性を示唆する、興味深いヒントとして受け止められたんです。

古市　碧海さんは、一九五九年の増補版を日本語に訳して出版していますね。翻訳されてみて、鈴木大拙の禅の捉え方について、どんなことを感じましたか。やはり少し単純化し過ぎるような印象は強かったんでしょうか。

碧海　そうですね、たしかにかなり単純化をし過ぎている部分は要所要所にあります。わかりやすく伝えようとすると、どうしても単純化は必要になると思いますが、この本は「日本文化は禅でだいたい説明できる」という印象をどうしても強く与えてしまいますよね。

ただ、日本の仏教は、いろんな宗派があり過ぎて、そこに分け入っていくと理解しづらいのも事実です。だから、「禅だけを切り口にして日本文化を説明できる」というスタンスは、少なくとも当時のアメリカやヨーロッパの読者には非常に理解しやすかったわけです。もちろん、それで日本文化の全体像をきちんと伝えられているかというと、疑問符がつくと思いますが。

古市　訳者解説では、大拙が紹介する日本文化にはかなり偏《かたよ》りがあることを指摘していますね。

碧海　普通に日本文化を幅広く見ていけば、禅のわび・さびとか、シンプルさ、簡素さを求める精神が、すべての日本文化に当てはまるわけではないことはすぐにわかります。反証する事例はいくらでもありますから。

古市　美術ライターの橋本麻里《はしもとまり》さんの著書『かざる日本』（岩波書店）を引いて、日本文化には「わび・さび」だけではなく、「かざり」という流れもあると指摘していましたね。

碧海　ええ。だから禅のわび・さびだけでは日本文化を切れないという考えは当然ありま す。ただ、いったん禅路線で全面的に切ってみたというのが、この本の大きな魅力ではあるんです。だから、いろいろツッコミは入れられるんですけど、だからこの本はダメだというのも違う気がするんですね。

日本仏教はなぜ多様化したのか

古市　せっかくの機会なので、本を離れて日本仏教についてもうかがいたいんですが、日本仏教はどういうプロセスで、宗派が多様化してきたんですか。

碧海　これだけいろんなタイプの宗派が共存している国は、日本以外に見当たりませんよね。歴史的には、大乗仏教が中国や朝鮮半島を経由して日本にやってくるわけですけど、日本のなかで独自発展を遂げてきたわけです。

古市　多様な宗派が共存しているのが日本仏教の特徴というわけですね。

碧海　特に顕著だったのが、鎌倉新仏教と呼ばれるものです。法然《ほうねん》や親鸞《しんらん》、日蓮《にちれん》、道元などが、それぞれの独自の思想を展開させていった結果、お互いに主張内容がまったく異なるような宗派が同時多発的に生まれることになりました。その後も、宗派が絞られていかず、それぞれの宗派の教えに共感する人たちがそれなりの数いたので、多様な宗派がいまに至るまで続いてきているんですね。

古市　日本で仏教の宗派が多様化した理由は何なんですかね。

碧海　難問ですね。それを明らかにしたら、日本仏教の専門家として頂点に立てるぐらい難しい質問です。

仏教は中国からやってくるわけですよね。もし中国流の仏教をそのまま踏襲していったとしたら、今のように多様化しなかったはずなんですね。たとえば禅は、中国的な仏教をそのまま引き継いでいる感じがします。

一方で、浄土宗や浄土真宗の系統は、もとは中国から来ているんですが、かなり独自解釈でやっていくわけですね。特に日本で一番広まった浄土真宗は、仏教の歴史のなかでは異端と言っていいような発想がふんだんに入っています。開祖である親鸞は、戒律を守ったり瞑想したりして自己を鍛えることで悟りを開くという従来のスタイルを、ほぼ完全に放棄します。そして阿弥陀如来《あみだにょらい》による他力《たりき》の教えを信じることによってのみ救われるという、それまでの仏教にはあまり見られなかった教えを始めたんです。

古市　浄土真宗とキリスト教の類似性が指摘されることがありますね。宗派別の人口を見ても、浄土真宗は人気ですよね。

碧海　浄土真宗の発想は、一般の人びとにとっては受け入れやすいんです。修行しなくていい、念仏を唱えれば救われるという教えですから、生活の仕方も大きく変える必要はない。実際、親鸞は、妻帯して子供も作る。そういう生活を意識的にやっていたところもあるんですね。これは仏教のお坊さんとしては破格です。でも、それを受け入れていく日本の人たちはたくさんいたわけです。だから、浄土宗あるいは浄土真宗的なものが、仏教が日本国内で多様化していくうえで、決定的な変化をもたらしたとは言えると思います。

古市　人間は自分だけでは救われない。だから宗教に頼るしかない。その理屈の宗派は組織も強固になりますよね。宗派が多様化していったなかで、日本仏教の共通点みたいなものは何かあるんですか。

碧海　明治維新後になると、浄土真宗以外の宗派のお坊さんたちも真宗に近づいていったところはありますね。わかりやすく言うと、肉食妻帯していく。抽象的にいえば、普通の生き方のなかで仏教を実践していくという流れがどんどん強くなっていったと思います。だから、在家仏教の色が強いということが、日本仏教の特色として言われますね。

もっと言えば、仏教に深く帰依したとされる聖徳太子《しょうとくたいし》もお坊さんではなかったので、日本仏教はスタートの時点から、在家の人たちに適した性格を持っていたのかもしれません。

近代仏教の功罪

古市　碧海さんは近代仏教を専門としていますよね。明治以降の仏教は、平和に寄与した部分と、逆に戦争協力した部分の両方あると思うんですが、近代仏教はどんなふうに国家と関わってきたんですか。

碧海　それこそ鈴木大拙のような人物が一番わかりやすいかもしれませんが、近代に入ると、欧米との関わりのなかで仏教を考える人びとが徐々に出てくるんですね。そういったニューウェーブ的な仏教者や仏教思想家は、英語で仏教を広めたり、西洋の哲学や心理学を取り入れて仏教を再構築していくわけです。鈴木大拙はその最も成功した人物の一人でした。彼は禅という、もともと東アジアあるいは日本の仏教の一宗派であるものを、世界中に広めたわけですからね。

古市　「ＺＥＮ」という言葉は世界中に広まりました。

碧海　そうやって日本国内だけでなく海外にまで新しい仏教像を広めたことは、近代仏教のポジティブな面ですが、いまおっしゃったように、国の動向に対して適切に抵抗することはできず、仏教者たちが戦争協力するということが基本路線としてあったと思います。反戦僧侶や反戦の仏教者も一部にはいましたが、それは少数派です。

もちろん戦前は、仏教にかぎらず、他の宗教者も戦争に賛成して協力してはいました。ただ仏教が厄介なのは、死生観にまで踏み込んで、人びとを戦争に向かわせることができる点です。特に浄土宗や浄土真宗の場合、死後のことが不安でお寺に行っている人が多いので、戦争で死ねば幸せに浄土に行けるというメッセージを与えていくわけです。そのせいで、戦死しても立派に戦えば来世は幸せになれるという信念が植えつけられた面はありますね。

これからの日本文化論

古市　大拙が言うような悟りと、ドラッグで手に入るような酩酊感というのは近いんですか。

碧海　いやいや、たぶん全然違うんじゃないかと思います。むしろ「究極のしらふになる」というのが悟りです。欲望に振り回されずに、自分や世界をそのまま受け入れるという状況が悟りなので、特に意識を敏感にするようなドラッグとは対極的だと思います。

古市　マインドフルネスはどうですか。宗教よりも効率よく心を整えられそうです。

碧海　それ自体は別に全然悪いことではないですが、インスタント過ぎるのかもしれません。より持続的に、悟りのような心の状態をつくるには、マインドフルネスだと物足りないのではないでしょうか。

古市　ちなみに碧海さん自身は悟りの境地に達したことはあるんですか。

碧海　悟り体験はまったくないですね。実家が浄土真宗の寺なのですが、浄土真宗は悟らないことになってるので、他力の方向で救われていくはずです（笑）。

古市　これからも日本で宗教は残っていくと思いますか。

碧海　日本に限って言うと、いわゆるお寺や宗教団体に所属するタイプの宗教はおおむね影響力を減じていくでしょうね。ただ、癒やしや救済を求めるのが人間の常ですから、スピリチュアリティとか、高い精神性をめざすとか、物語や身体的な技法によって、人びとの心を掬《すく》い上げていくような営みはこれからも何らかのかたちで残っていくんじゃないかという気はします。

古市　仏教は死とひもづいているから残っていくという捉え方はできますか。

碧海　たしかに死者供養《くよう》や弔いは強固に残っていくようには思いますね。大切な人を失ってしまったとき、何かしら対処してくれるものを人は求めますし、仏教はそれをずっと担ってきました。その部分は今後も残っていく感じはしますね。一方で、映画『ドライブ・マイ・カー』のように、人が亡くなった経験を、宗教とは違う手段で受け入れていくようなケースが増えていけば、既存のお寺や宗教儀式にこだわる必要も減っていくのかもしれません。

古市　どんな方法で死に意味づけをしていくのか、という話ですね。

碧海　伝統宗教における死者の魂の鎮《しず》め方が、相対的に説得力を減じているなかで、コンテンツのほうに、喪の作業や供養を主題にした作品が増えているという気もします。新海《しんかい》誠《まこと》さんの『すずめの戸締まり』もそうでしたね。

古市　僕も『平成くん、さようなら』（文藝春秋）という小説で死をテーマの一つにしました。作り手目線でも、これだけ技術が発展しても克服できないという意味で、死や喪が主題の作品は増えていくと思います。ところで『禅と日本文化』が今でも読まれているということは、日本文化論が一〇〇年近く止まっているとも言えるように思います。新しいかたちの日本文化論はあり得ないのでしょうか。

碧海　個人的には、もう少し仏教目線の日本文化論があっていいとは思っています。最近だと、日本文化は何かっていうときに参照されるのは、サブカルチャー方面が多いですよね。でも、深層というか歴史的に深いレベルでは、仏教が染み込んでいるのもたしかです。それは禅だけじゃなく、むしろ浄土真宗のほうが広がっていたので、そちらの視点から、日本人や日本文化を見ていく取り組みはあっていいように感じます。

そういった禅以外の宗派が日本文化に与えた影響と、大拙の『禅と日本文化』を組み合わせていく。さらにそこにアニメやマンガなどのサブカルチャー的な文化論も接続できると、もっと広がりのある日本文化論が構想できるんじゃないでしょうか。

第12回

『聖と俗』

エリアーデの「宗教的人間」

岡本亮輔《おかもとりょうすけ》

宗教学者、北海道大学大学院教授。一九七九年生まれ、東京都出身。専攻は宗教学と観光学。筑波大学大学院修了。博士（文学）。著書に『聖地と祈りの宗教社会学』（春風社）、『聖地巡礼』『宗教と日本人』（以上、中公新書）、『江戸東京の聖地を歩く』（ちくま新書）、『創造論者vs.無神論者』（講談社選書メチエ）など。

人類共通の神!? エリアーデ
ヤングみやざき
こ…
ドーン
ドコ
これは一体…?
のぼれ
のぼれ
ドコ
ドコ
フフフ
ヒュオッ
シベリアのシャーマンの通過儀礼だね…
のし
ぐっ
これは決して特殊なことじゃあない…
ゴゴゴ…
誰?何?
全人類の心に眠る宗教心のなせる技なのだよ!!
ピシャーン
ど…どゆこと?
私は通りすがりのシャーマン
古代人や狩猟採集民の信仰から人類の共通性がわかるのだ
はあ…
たとえばこの柱
アジアからヨーロッパまで広く見られるが

天界
天界・地上・冥界を貫く通路であり
世界を支える「宇宙木」とでも言うべきもの
地上
こういう木は世界中で信仰されてる
冥界(地下)
北欧神話のユグドラシル
メソポタミアの生命の木とかな
天界に繋がってるの?
そう!
高いところに神がいる
これは人類共通の感覚らしい
だから高いところは神との連絡口
聖なる場所なのだ
メソポタミアのジグラット
煙突は魂の通路
教会の天窓
よく喋るわね…
ゴゴゴゴ

わあ
彼女は地母神
メキョメキョ
ゴゴゴ
すべての生命を産む存在よ…
泉や洞窟から子供が生まれる
人間も私が産むと信じられてたわ
ごしごし
フランスの子授け岩
天空の神と地母神が交わって
生命が生まれる
ワー
スケール…
人間の結婚式は神の真似事
だから神聖なのだ
そうなの
!?
年ごとの儀式だって神の宇宙創造を毎年繰り返してるのだ
毎年滅んで生まれ変わる
…!?
そう
ギュルル
わあぁ
古代人の世界では時間は循環しているのだ!
ルルル

昔の人って不思議…
フラ～
そう思うかい？
フフフ
インドでは循環する時間を「ユガ」という
しゅた
ヴィシュヌ神！
宇宙木は北欧神話
旧約聖書や仏教にも似たのがあるし
自然物の信仰はゾロアスター教にもある
岩から子供が？俺も岩から生まれたよ
あらゆる物に聖性があるのは禅とも通じる
全部繋がってる!?
太古の信仰は文化の奥底に受け継がれてる
!?
スウ…
なぜならその源泉は
人の心の深いところにあるからだ…
わあああ
あなたエリアーデさんでしょ？
誰だ!?
バレたか
ザ…
岡本です
面白いけどつっこみどころも多いエリアーデのこと
お話ししましょう

エリアーデの宗教観

古市　宗教学者のエリアーデは、二〇世紀最大の宗教学者とも言われます。そのエリアーデの著作のなかでも、代表作とされる『聖と俗』って、一言で言うとどんな本なんですか。

岡本　この本の四つの章はすべて「宗教的人間にとって」とか「宗教的人間の振舞い」といった言葉で始まっています。要するにエリアーデから見たら、人間は本来、宗教的なんですね。人間は、常に聖なるものを求めている。そういう宗教的人間にとって、世界のありとあらゆるところは聖なる意味に満ちているし、それをさまざまなシンボルを通じて感知しているんだということが書かれています。

古市　ということは、ユダヤ教やキリスト教といった個別の宗教に関する本ではなくて、より広い意味で宗教を客観的に考察しているということなんですか。

岡本　そこはたいへん重要なところです。エリアーデ自身はルーマニア出身でカトリックの信者なんですね。ただ、ヨーロッパの辺境に生まれているのも影響してか、エリアーデが好きなのは、近代社会とうまく調和してしまったキリスト教のような宗教ではなく、それ以前のもっとドロドロした古代世界の宗教なんですね。だから『聖と俗』でも、そういう原始人や古代人たちがどのように神を見ていたかということを論じています。

古市　ドロドロした古代宗教を、二〇世紀の視点で合理的に分析した本なんですか？

岡本　いえ、客観的とは言えないのがこの本の面白いところです。エリアーデ本人は客観的なつもりで書いたと思いますし、時代的には宗教現象学という一つの学問だったんですが、今から見るとエリアーデの主観的な世界観が強く出ていることは否めません。

古市　エリアーデはなぜ、そういう宗教の研究に打ち込むようになったんですか。何かきっかけがあったんですか。

岡本　彼はルーマニアのブカレスト大学で教育を受けるんですけど、途中でインドから奨学金をもらってコルカタ大学に留学するんです。当時、ヨーロッパの人から見たら東洋は神秘に満ちた憧れの場所だったんですよね。留学中、エリアーデはインド哲学の大家スレンドラナート・ダスグプタの家に住み込んで研究生活を送ります。ところが、そこで長女のマイトレイと恋愛関係に陥ったことで、ダスグプタ先生の逆鱗に触れ追い出されてしまう。

古市　泥沼ですね（笑）。

岡本　追い出されたエリアーデはヒマラヤ山中にある道場に行って、ヨーガや瞑想の修行に打ち込むんです。その経験が、エリアーデの宗教的世界が広がっていく大きなきっかけになったと思います。

古市　なんとなく日本でいうと中沢新一《なかざわしんいち》さんを彷彿とさせます。スケールは違うかもしれませんけど。

岡本　おっしゃる通り、中沢新一先生と似てますよね。世代的にも影響を受けていて不思議ではありません。エリアーデって扱いがとても難しい人で、宗教学の研究者やその卵たちはみんな読むんですよ。僕もエリアーデは面白いと思って宗教学の世界に入ったクチです。

ただ、私の世代だとエリアーデを対象とする研究はあるけれど、エリアーデの方法論を使って研究する人はほとんどいません。日本で言うと、柳田國男《やなぎたくにお》や折口信夫といったイメージに近いですね。

天才エリアーデの方法論

古市　『聖と俗』には、さまざまな宗教を包括するような視点もあるんでしょうか。

岡本　それはあります。キリスト教や神道、仏教、ヒンドゥー教などさまざまな宗教があるけれど、あらゆる宗教には何かしら共通するパターンや特徴があるはずだと。その共通点を見つけて、それがどういうふうに発展したかという法則を解明するのが宗教学なんだというのが、エリアーデの基本的な構えです。だから書き方はけっこう乱暴なんですよね。同じ段落でエルサレムと中国とイランの聖地をまとめて論じたりと、いきなり全然違う時代と地域の宗教の話が出てきたりする。そして「以上見てきたように共通のパターンがある」みたいな論述の仕方です。今だったら、卒業論文でも怒られるでしょうね（笑）。

古市　でも代表作ですから、それに勝る魅力があったということなんですよね。

岡本　エリアーデは天才なので、共通パターンの見つけ方がすごいんです。世界の軸とか植物が天に向かって登っていくのは、聖書でいうヤコブの梯子と一緒だみたいな感じで、思わぬ共通点をつぎつぎとつないでいく。そういう連想ゲームの達人なんです。だから他の人は真似しないほうがいいんです。

古市　一歩間違うと陰謀論みたいになってしまいますもんね。エリアーデは、文献を読み解いて実証するというより、シンボルを見出すのが得意だったわけですか。

岡本　まさにシンボル探しがエリアーデの方法論です。でもそれをどうやって探すかといったら、彼はアームチェアディテクティブタイプなのでとにかく文献を渉猟する。エリアーデは八ヵ国語ぐらいの読み書きが完璧にできるんです。サンスクリット語もヘブライ語もペルシャ語も全部読める。だから古今東西の本を片っ端から読んで、さまざまな宗教の特徴を押さえたうえで共通点を大量に探し出すわけです。これは真似できませんよね。

ニューエイジとの親和性

古市　エリアーデは、聖なるものと俗なるものをどのように考えているんですか。

岡本　古市さんは社会学を研究されているのでわかると思うんですけど、『聖と俗』というと、普通はそれぞれ社会的に構築されたものだと捉えますよね。たとえば、フランスの社会学者エミル・デュルケームのように、社会的にタブーとされている場所、「あそこに行くと呪われる」といった言説によって守られた場所が聖なる場所であるというかたちで定義します。

古市　宗教は社会的事物であり、集合的思考の所産と述べていますね。みんなが聖地だと思っているから聖地だという発想です。本当にそこに聖なる何かがあるかは問題にしないわけです。

岡本　それに対してエリアーデの場合は、聖なるものは、別に俗なるものと比較して存在するわけではなく、聖なるものはそれ自体で聖なるものなんだと、『聖と俗』の最初に書いてあるんですね。だから聖なるものはそれ自体として顕れてくるし、本来、宗教的である人間はそれを本能的に感じ取れる。エリアーデの議論はすべてここからスタートするんです。

古市　社会学的な視点と比べると、非常に宗教的に思えますね。聖なるものを感じ取れる理由を、「人間の本能」で説明するあたりとか。神という存在については、どんなふうに説明されているんですか。

岡本　この本では、宗教的人間だったら空を見上げただけでそこに至高の存在を見出してしまうという説明をしています。どこまでも高い空や山はシンボルになりやすく、宗教的人間であれば、当然そこに神を見つけて意味を看取する。自然はすべて超自然であるというのが、エリアーデの重要なコンセプトになります。

古市　エリアーデなりの結論みたいなものはあるんですか。

岡本　いま話したように、エリアーデからすると人間は本来、宗教的人間なんですね。ところが近代社会は、人間を非宗教的人間に変えてしまった。でも少しは宗教的人間としての性質を残しているんだから、古代社会に学んで、宗教性を取り戻そうじゃないか、というのが基本的なスタンスですね。

古市　ところで「宗教的人間」という言葉からは、悟りに達した禅僧みたいな存在を思い浮かべてしまいますが、ちょっと違うんですね。

岡本　はい、いわゆる原始人や古代人をイメージしてもらえればいいと思います。宗教的人間は、煩悩を断じて悟りの境地に達するのではない。むしろ煩悩かどうかの区別も不要なんです。たとえば古代人にとってセックスは、神様による世界創造の営みをくりかえすことでもあるわけです。そして原始の時を再現するのが宗教だと考えるわけです。

古市　『聖と俗』は、彼のキャリアで言うとどういう位置づけの著作なんですか。

岡本　いちばん脂が乗っている時期の代表作と言っていいでしょうね。彼は一九五六年にシカゴ大学に招かれ、それから八〇年代までは学者として華々しく活躍します。『聖と俗』が出たのは、シカゴに行った直後の一九五七年です。

古市　エリアーデが、その時代に脚光を浴びたのはどうしてなんですか。

岡本　一九六〇年代、七〇年代がエリアーデの全盛期なんですが、その時代のアメリカって、キリスト教や近代社会を批判して、それに代わるオルタナティブを見出そうというニューエイジ文化が盛り上がっていました。エリアーデにはその気はなかったんですけど、ニューエイジ方面の人が近寄ってきて、キリスト教以前の本来の人間の姿を探究している知識人という感じで賞賛されたんですね。

古市　なるほど。たしかにヒッピーとかニューエイジとの親和性はめちゃくちゃありそうですね。

岡本　そうなんです。なにせエリアーデは、一九二〇年代末にインドに留学してる人ですから。ニューエイジの人たちよりも三〇年、四〇年早くインドに行って、しかもガチンコで向こうで二〜三年洞窟にこもって修行とかもしたりしている（笑）。ニューエイジャーから見たらリスペクトですよ。でもエリアーデ自身は、ニューエイジャーには全然関心がなかったようですが。

縄文ブームはなぜ起こるのか

古市　岡本さんが書いた『宗教と日本人』（中公新書）では、現代人が縄文文化を崇める現象と絡めてエリアーデを論じていたのが印象的でした。

岡本　『宗教と日本人』では、エリアーデがまったく知らないような縄文文化にすらエリアーデの議論が適用されていることを示したかったんです。縄文人は自然と共生していたという現代の神話は、エリアーデ的な議論の再生産なんですね。

古市　エリアーデ流の議論は、想像力を駆使することでさまざまな文化に適用できてしまうわけですね。

岡本　現代の縄文ブームのベースには、アニミズム礼賛があります。アニミズムという言葉は、仏教や神道という特定の宗教を超えた、より普遍的な日本の宗教的世界観を指摘できるわけですよね。これはエリアーデの「宗教的人間」と言ってることは一緒です。すなわち、日本人は山や岩、雷や風など、あらゆる自然のなかに人格を読み込む力がある。だから自然を支配するキリスト教に対して、日本人は世界に先駆けて環境を保護する精神性を持っている。実際、縄文人もそうでしたよね、みたいなロジックになっているわけです。

古市　実際は縄文人が何を考えていたかなんて検証しようがないのに……。

岡本　縄文研究の考古学者、山田康弘《やまだやすひろ》先生が指摘しているように、縄文人は別に自然と共生してたわけじゃなくて、共生せざるを得なかっただけです。当時の人口を考えれば、自然を破壊するほど人もいなかったでしょうし。

古市　現代のようなテクノロジーがないわけだから、当然共生していたわけですね。

岡本　当たり前の話なんですよね。アニミズム信仰にせよ、縄文ブームにせよ、今生きている社会がおかしいと感じている人たちが、その対極の姿を昔の社会に見出して、過去の信仰を想像的に作り出しているわけです。

古市　じゃあ縄文じゃなくてもいいわけですね。

岡本　はい、早い話、対象はなんでもいい。ただ、よくわかってない社会のほうが都合がいいんですよね。江戸時代くらいに近いと、「江戸しぐさ」なんてなかったと歴史家の人に突っ込まれてしまうけれど、縄文人の信仰だったら決定的な史料が出てこないので安全です。エリアーデのシンボル論は時代や地域を問わないので、縄文時代でも成立してしまうわけです。

日本人は無宗教なのか

古市　エリアーデから少し逸れてしまいますけど、「日本人は無宗教なのに、神社やお寺にも行くし、クリスマスもする」といったことが一般的に言われます。岡本さんは、日本における宗教をどんなふうに考えていますか。

岡本　それこそエリアーデとは多分反対の立場をとったほうが、学問的にはうまくいくと思っています。エリアーデはどの宗教も本来的には全部一緒ですという話をしたんですけど、私は、宗教という言葉自体に引っ張りまわされているんじゃないかと見ているんです。

キリスト教もヒンドゥー教も神道も宗教と一括《くく》りにしてしまいますが、歴史をたどれば、欧米の「レリジョン（religion）」という単語を「宗教」と翻訳するまで、日本語に

「宗教」はなかったわけですよね。そこに宗教という翻訳語ができたことで、欧米のキリスト教に相当するものがきっと日本にもあるはずだと考え、神道や仏教が宗教として発見されるわけです。

でも実際にキリスト教と仏教、神道を比べてみると、神様や仏様のような超越的存在をリスペクトするという共通点はあるにせよ、全然違う部分のほうが目立ちます。とりわけ目立つのが、信仰のあるなしだと私は思うんですよね。

古市 同じ「宗教」という言葉でくることで、見落としてしまうものがある。

岡本 キリスト教は教義が中心にあって、聖書という本にどう生きるかという道徳や倫理が書いてある宗教なんですね。日本の神道は全然違います。たとえば神社が好きで毎週参拝されているような人でも、『日本書紀』や『古事記』から生命倫理についての判断基準となる倫理観や道徳を引き出してくる人はいないと思うんですよ。そもそも引き出せないでしょうから。

古市 たまに「『古事記』から学ぶ道徳教育」とか言っている人を見ますが、たぶんきちんと『古事記』を読んでいないと思います(笑)。『日本書紀』も『古事記』も、現代的な観点からすれば、むしろ倫理的・道徳的にまずい話が多いですよね。

岡本 日本人は神社にお参りには行くし、お祭りもするわけですよね。だから、日本の宗教は信仰というよりは、なんとなく行動する、なんとなく実践するという側面のほうが強いんじゃないかというのが私の考えです。信仰と実践がそれほどリンクしていないわけです。そういうふうに、エリアーデとは逆に、似てない部分をしっかり意識して、宗教というものを捉え直したほうがすっきりするんじゃないかと。

古市　岡本さんの観点では、パワースポット巡りのような現象は、どういうふうに解釈できるんですか。

岡本　パワースポットブームはここ一〇年ぐらい注目してきたんですけど、これを宗教の復活だと見ている人もいます。たしかに神社やお寺に人が集まるのは、当事者にとってはすごくいいことだと思うんですけど、パワースポット巡りをしている人が、キリスト教のように神様を信じているかというと、けっこう微妙です。むしろ、ちょっとした気分転換や情緒を得るための実践ぐらいで考えたほうが、日本の宗教を考えるうえでは見通しがいいんじゃないかと思います。

古市　ほんとうに気軽にパワースポットへ行きますよね。

岡本　ただパワースポットとして神社へ行っても、一応お賽銭《さいせん》を入れて、手を合わせて、お守りを買う人も多いですよね。つまり傍《はた》から見ていると、信じてる人と信じてない人の区別がつかない。一方でヨーロッパでは教会離れが進んでいて、行かない人は全然行かないんですよね。パリのノートルダム寺院が火事になったときの反応を見ていても、宗教的シンボルというよりも、国や街にとっての、古くからの文化遺産という扱いでした。

宗教離れのゆくえ

古市　エリアーデの話に戻りますが、『聖と俗』を読むにあたって、これを押さえておけば読みやすくなるようなポイントって何かありますか。

岡本　先ほども言いましたが、『聖と俗』は、人間は本来的に宗教的人間であるとか、宗教には全部共通するパターンがあるということが議論の前提になっています。この点さえ踏まえておけば、入っていくのは難しくないと思いますね。

古市　現代の人がエリアーデを読む意義って何でしょうかね。

岡本　まずその想像力の高さは、いま読んでもほんとうに面白いと思います。その点では、『聖と俗』もそうですけど、エリアーデは小説も書いているので、小説から手に取ってみるのもいいんじゃないでしょうか。エリアーデが発見した宗教に共通するパターンって、小説のモチーフのようなものなんですよね。エリアーデ自身も、現代の映画や小説はじつは小さい神話をくりかえしている、といった趣旨のことを言っています。たとえば

『スター・ウォーズ』や『ハリー・ポッター』『アベンジャーズ』もエリアーデ的に見ると、またちょっと違う見方ができるかもしれません。

古市　確かにエリアーデの視点は物語と相性がよさそうですね。

岡本　あともうひとつは、全部の宗教に共通するパターンがあるとか、人間は宗教的人間なんだという話は、煎じ詰めると、人類には共通の要素があるということですよね。これってじつは、反宗教的な科学者の考え方と通底しているんですよ。

古市　どういうことですか？

岡本　たとえば、進化生物学者のリチャード・ドーキンスは、宗教現象は自然科学で完璧に説明できる、人間はすべて生物学的に共通する特徴を備えていて、なぜ道徳や倫理を持つのかも進化論的に導けるんだと強く主張しています。宗教に対するスタンスは真逆なんですが、エリアーデもドーキンスも、人間には普遍的な共通要素があると考えている点では同じなんです。

古市　ドーキンスって読み物としては面白いですけど、進化論的にすべて説明できますといったスタンスは、それ自体一つの宗教みたいになっちゃってるところがありますね。

岡本　まったくその通りです。しかも、彼が批判する宗教はキリスト教のように信仰重視の宗教に特化しているためか、彼自身が原理主義化しているところが面白いところですよね。

古市　最後に大きな質問になっちゃいますけど、世界的に宗教離れが指摘されているなかで、今後、人びとはますます宗教から遠のいていくのか、それとも別のかたちで宗教的な現象は続いていくのか、岡本さんはどのように見てますか。

岡本　統計を見ると、欧米では明らかに宗教離れが進んでいます。先進国ではアメリカだけが唯一例外で宗教が活発だと言われてきたんですが、データでは、アメリカも一〇代、二〇代の人たちは教会や宗教から離れていっています。

古市　ヨーロッパのみならずアメリカでも宗教離れが進んでいるんですね。

岡本　ここでもドーキンスのような無神論、一般に新無神論と呼ばれる運動のインパクトは非常に大きくて、彼らの登場でキリスト教を根本的に見直そうという気運が高まりました。カトリック教会の児童虐待の問題とか、同性愛や人工妊娠中絶を認めないとか、こういう巨大組織を特別扱いしていくことは検討し直したほうがいいんじゃないかという議論は、ヨーロッパではとっくに起こっているし、アメリカでもちょっとずつ進んでいくんじゃないかという見通しは持っています。

古市　宗教の負の側面ですね。現代人は宗教なしでも生きていけるようになると思いますか？

岡本　現代では自己啓発的な言説に、宗教にかつて求められていた需要が移動しているんじゃないかと考えています。たとえば、『人生がときめく片づけの魔法』で有名な近藤麻理恵《こんどうまりえ》さんはアメリカでも人気があって、Netflixで番組になっています。あれを見ていると、お片づけする前にみんなでお祈りしたりするんですよね（笑）。片づけという日常的な実践のなかに、いろんな宗教的な要素が紛れ込んでスピリチュアル化していくのが現代の動向だと思いますね。

おわりに

一二人の研究者による宗教と神話の講義はいかがだっただろうか。各回は単独でも読めるが、せっかくなのでその関連を「宗教の世界史」として振り返っておこう。歴史的出来事には諸説ある。一つのアウトラインとして読んで欲しい。[1]

人類の誕生・宗教の誕生

現生人類であるホモ・サピエンスは、約二〇万年前にアフリカに出現し、約一〇万年前に出アフリカを果たした。

では、いつから人類は宗教を持つようになったのだろうか。文字がない時代のことなので、推測でしかわからない。ただヒントはいくつかある。

一つは約七万年前に起こったとされる「認知革命」だ。人類は約七万年前から三万年前にかけて、舟やランプ、弓矢などを次々と発明し、洞窟壁画など芸術作品を生み出すよう

1　と、先手を打って弁明しておく。歴史や宗教に関する事柄は本当に諸説がある。

になった。[2]星座を記録したり、科学や天文学の萌芽も見られる。遺伝子の突然変異なのか、急激に人類の能力がアップデートされたのだ。「本気出してきた」というやつである。

おそらく、この頃までに「物語」も生まれている。人類は言語を通して、目の前の出来事を伝えるだけではなく、虚構やファンタジーを表現できるようになった。この「物語」の誕生をもって、ある種の「宗教」が誕生したと言ってもいいのかもしれない。

その「物語」の一部は、神話として後世に伝わった。今、僕たちが読めるような神話も、その原型を辿れば、数万年前の人類の間で交わされていた物語に行き着くのかもしれない。

ヨーロッパやアジアで広く観察される神話群をローラシア型神話と呼ぶことがある。[3]日本神話もローラシア型神話に属するが、「無から始まる世界」「男女神の誕生」「天地の分離」など多くの共通点が観察されるのだ。

人類の移動を考えれば不思議ではない。移住者は、神話の運び手でもあった。悠久の時間をかけ、伝言ゲームのように神話は、何度もリメイクされながら各地に伝わっていったのだろう。

ところで人類は、長い間、狩猟採集民として暮らしていた。

定住しない狩猟採集民が組織化された宗教を持つのは難しい。神話が体系化され、神殿が整備されるためには、人びとが都市に定住し、集団生活を送る必要がある。その意味で、数万年前から物語や信仰こそはあったものの、現代の我々が想像するような宗教団体の誕生はもう少し先になる。

地球各地は寒冷かつ乾燥していて、気候も変動しやすかった。一ヵ所に定住するのはリスクだったのだろう。ただし氷期で海面が低かったため、移動には好都合だった。人類は、約一万五〇〇〇年前には世界中の大陸に住むようになった。

すべてが変わったのが、約一万二〇〇〇年前だ。地球の平均気温が上がり、温暖な時代が訪れたのである。約一〇万年ぶりに訪れた間氷期だった。[4]

世界各地で農業が始まり、人びとは定住生活を開始した。現在わかっている範囲で、世界最古の大規模宗教的建造物も誕生している。トルコ南東部に位置するギョベクリ・テペの遺構だ。[5]二〇〇以上の巨大な石柱の並ぶ建物は、継続して居住した痕跡がないことか

---

2 ユヴァル・ノア・ハラリ『サピエンス全史』河出書房新社、二〇一六年

3 後藤明『世界神話学入門』講談社現代新書、二〇一七年。同書ではローラシア型神話の祖型が二万年前から三万年前に形成されたと推測する。

4 現代の地球は約三五〇〇万年前に始まった氷河時代の最中である。氷河時代のなかでも、氷期と温暖な間氷期がある。この一〇〇万年ほどは、氷期と間氷期は一〇万年周期でくりかえされている。

5 ニール・マクレガー『人類と神々の4万年史』河出書房新社、二〇二二年

ら、神殿などの宗教的施設だと考えられている。

一説によれば、このギョベクリ・テペは、一万一〇〇〇年前に完成した。じつに一一〇世紀前だ。定住した人びとが神殿を建てたのではなく、神殿で宗教的行為をするために人びとが定住を開始し、都市が誕生したと考える研究者もいる。

ヨーロッパとインドのルーツは一つ？

インド・ヨーロッパ語族（印欧語族）という概念がある。一八世紀の言語学者のウィリアム・ジョーンズの発見に端を発する近代言語学は、インドからヨーロッパの諸言語のルーツが同じことを見出した。つまり、英語もラテン語もペルシア語もサンスクリット語も元を辿れば一つではないか、というのだ。
そのルーツとされる言語を「印欧祖語」という。有力な説の一つによれば、紀元前四五〇〇年から紀元前二五〇〇年の間に、ポントス・カスピ海草原（現在のウクライナ・ロシアあたり）で印欧祖語が話されていた可能性が高いのだという。[6]
広大な草原で牧畜を営んでいた印欧祖族（古代アーリア人）の信仰した宗教が、ゾロアスター教の原形になったと考えられている【第4回】。その意味で、ゾロアスター教は「世界最古の宗教」と呼ばれることもある。実際、メシア（救世主）思想などは、ユダヤ教やキリスト教にも大きな影響を与えた。

古代アーリア人は、各地に移動していく。比較的早い時期に西方ヨーロッパへ行く集団が現れ、続いて東方のインド亜大陸、イラン高原へ進出した。一部は中央アジアに残った。このインド・イランへ進出した人びとが狭義の「アーリア人」と呼ばれる。

紀元前二五〇〇年頃から、すでにインドではインダス文明が栄えていた。だが気候変動などが理由で、次第に文明は衰退していく。そこに紀元前一五〇〇年前後、インドにアーリア人がやって来た。軍事的侵略と平和的進出、どちらの説もある。

アーリア人は『ヴェーダ』と呼ばれる聖典を持っていた。紀元前一二〇〇年頃には、インド最古の宗教文献として『リグ・ヴェーダ』が成立した【第5回】。祭祀において、ゾロアスター教と同様、火を重視したことがわかっている。

アーリア人の持ち込んだ宗教は、バラモン教として発展していくことになる。『ヴェーダ』にはカースト制度についても書かれている。アーリア人が土着の人びとを支配するためにバラモン教を用いたと考えても辻褄は合う。

だが紀元前五世紀頃から、バラモン教と教義を異にする宗教が勃興する。仏教やジャイ

6　デイヴィッド・W・アンソニー『馬・車輪・言語』筑摩書房、二〇一八年

ナ教だ【第6回】。バラモン教の身分制を否定した徹底した平等思想は、大いに人気を博すことになった。

仏教はブッダの死後も、組織を拡大していくと同時に、数多くの流派に分裂していった。そのなかでも、限定された信者ではなく、広く人びとを救済しようとしたのが大乗仏教だ。文字通り「大きな乗り物」で衆生を救うという意味である。

大乗仏教には大きく分けて三つの潮流が生まれた。物事に実体はないと「空《くう》」を説く中観《ちゅうがん》思想、人間の認識を重視する唯識思想、すべての人には仏性があると説く如来蔵思想だ。仏性があるとは、仏になれるという意味。誰もがブッダになれるなら、そんないいことはない。東アジアではお手軽な如来蔵思想が主流となった【第8回】。

大乗仏教は、中国や日本にもやって来た。すでに中国には儒教があったが、仏教は非常に説明力が高く、国家統治のツールとしても優れていた【第7回】。

仏教を通じて、日本は寺院や仏塔など最新の建築技術を習得することができた。『万葉集』にも大いに中国の影響を見ることができる【第10回】。さらに日本は仏教に独自のアレンジを加えることで、多様な宗派の共存する国になった。たとえば禅宗などは日本文化論と結びつく形で、「ZEN」として世界中で有名である【第11回】。

一神教の誕生

世界三大一神教といえば、ユダヤ教・キリスト教・イスラム教である。信者の割合でいえば、キリスト教とイスラム教だけで世界人口の半数を超えてしまう。

世界を席巻した一神教はどのように成立したのだろうか。じつは紀元前のエジプトでも一神教を導入しようとした指導者がいたのだが、その試みは頓挫している。他の神々を否定する一神教は、あまりにも反発の声が大きかったのだ。[7]

では現代に連なる一神教はどのように誕生したのか。歴史を遡ってみよう。

紀元前一三世紀頃までにパレスチナのどこかに「イスラエル」を名乗る集団が存在した。この時点では部族連合のようなもので、多様な神が崇拝されていた可能性が高い。部族が統一されていく過程で、次第に神も統合されていったのだろう。[8]

紀元前一一世紀には統一イスラエル王国が成立している。だが一〇〇年ほどで南北に分裂してしまう。南のユダ王国は紀元前六世紀まで存続するが、新バビロニアに滅ぼされ

7　レザー・アスラン『人類はなぜ〈神〉を生み出したのか?』文藝春秋、二〇二〇年
8　山我哲雄『一神教の起源』筑摩選書、二〇一三年

た。ユダ王国の人びとはバビロニアの首都であるバビロン（現イラク）に強制移住させられ、農業や灌漑工事に従事した。これが「バビロン捕囚」である。

ユダ王国は神による絶対的な加護を約束されているはずだった。それにもかかわらず、王国は滅び、神殿は破壊され、土地まで奪われた。普通に考えれば神への信仰をやめてもよさそうなものだ。

そこに知恵者がいた。悪いのは神ではなく、信仰の浅い人間だという理屈を思いついたのだ。王国の滅亡と捕囚は、強大な神による罰だというのである。こうして報復に燃える強い唯一神を戴《いただ》くユダヤ教が生まれた。

この「イスラエル」の歴史を描いたのが、ユダヤ教の聖典『旧約聖書』だ。『旧約聖書』では、世界の創造から紀元前六世紀のバビロン捕囚までの物語が書かれている。もちろんすべてが史実ではないが、考古学との照らし合わせが進んでいる。[9]

紀元前五三八年、ユダ王国の人々はパレスチナに帰還できたが、その後もパレスチナはさまざまな国に支配された。しかしユダヤ教の信仰が失われることはなかった。

イエスが生まれたとされる紀元前後は、イスラエルはローマ帝国の支配下にあった。イエスやその後継者がしたのは、画期的な新宗教の立ち上げというよりも、ユダヤ教の改革運動とでも呼ぶべきものだった。[10] 特に紀元後七〇年のユダヤ戦争でエルサレムが陥落すると、ユダヤ教はルールに厳しい律法主義に傾いていった。

そのなかで、キリスト教は独自色を強めた。一神教である点はユダヤ教と同じだ。しかしキリスト教では、「イスラエルの民」や「ユダヤの民」が対象のユダヤ教と違って、ユダヤ民族以外も救いの対象とされた。

世界宗教と民族宗教

キリスト教は、特定の民族の救済を目指す民族宗教ではなく、世界宗教として発展していった。

一世紀から二世紀にかけて聖典『新約聖書』が編纂され始めた【第1回】。キリスト教はローマ帝国内に拡大していくが、たびたび迫害にも遭っている。それが三一三年には帝国によって公認され、三九二年には国教の地位を獲得した。

だが当時のローマ帝国は荒廃が進んでいた。三九五年に東西に分裂、度重なる他民族の襲撃に遭っている。「キリスト教のせいでローマが衰亡した」と批判されてもおかしくない。

9　長谷川修一『聖書考古学』中公新書、二〇一三年
10　加藤隆『歴史の中の「新約聖書」』ちくま新書、二〇一〇年

ここにも知恵者が現れた。神学者アウグスティヌスである。プラトン思想を参考にしながら、「神の国」と「地の国」というコンセプトを提示、あくまでも重要なのは「神の国」であり、「地の国」であるローマが衰退しても何てことはないと考えたのだ。こうして四七六年に西ローマ帝国が滅亡した後も、キリスト教の拡大は続いた。

ただしローマ帝国の東西分裂とともに、キリスト教の教会も「西」と「東」に分かれていく。「西」のローマ教会は、やがて「ローマ・カトリック」と呼ばれるようになる。「カトリック」とは普遍という意味だ。一方の「東」は、「東方正教会」（ギリシア正教、正教会）として、ロシアやウクライナにも広がっていった【第2回】。

キリスト教の受容とともに失われていくものもあった。その一つが神話だ。ローマ帝国を滅ぼすきっかけになったゲルマン人だが、彼らも次第にキリスト教を受け入れた。その結果、ゲルマン神話も失われたかに見えた。だがアイスランドに伝承された神話が、後に『エッダ』として文字でまとめられることになった【第9回】。辺境の地ほど古いものが残るわけである。

時代は下り、七世紀にアラビアでイスラム教が興る【第3回】。当時のアラビア半島は交易の要所として多くの都市が栄え、メッカ（現サウジアラビア）には一〇〇以上の神を祀る神殿があった。

イスラム教の創唱者ムハンマドは、もともとメッカの商人だった。シリア方面との交易に従事していたといい、その商売相手にはユダヤ教徒やキリスト教徒もいた[11]。実際、イスラム教の聖典『コーラン』には、『旧約聖書』や『新約聖書』と共通のエピソードも散見される。

イスラム教は勢力を拡大していく。たとえばイラン高原を支配したサーサーン朝ペルシアは、ゾロアスター教(マズダヤスナ教)を国教にしていたが、六五一年、イスラム軍によって滅ぼされている【第4回】。

イラン地方の風習に根ざしたゾロアスター教は民族宗教に留まったが、「神の前の平等」を掲げるイスラム教は、世界宗教へと成長した。実際、トルコのオスマン帝国(一三世紀〜二〇世紀)やインドのムガル帝国(一六世紀〜一九世紀)など、多宗教・多民族の地域を統合するシステムとしてイスラム教は重宝された。

一九世紀までに、パレスチナはオスマン帝国東部の僻地になっていた。西暦七〇年のエルサレム陥落以降、多くのユダヤ人がヨーロッパ各地へ移住した。一方、七世紀にイスラ

11 ヘブライ語もアラビア語もセム語派に属する。ユダヤ教・キリスト教・イスラム教は「セム的一神教」とも呼ばれる。セム語派は、アフロ・アジア語族に分類され、祖語が話されていたのは北東アフリカだと考えられている。

ム勢力に征服されてから、大半のパレスチナ住民はイスラム教徒になっていた。

歴史が動いたのは一九世紀後半だ。ヨーロッパ各地で民族意識が高まる中、「シオニズム」というユダヤ人の祖国再建を目指す思想が生まれた。ユダヤ人が、迫害から逃れるために目指したのがパレスチナの地である。だがパレスチナは、長い歴史の中で、イスラム教徒である「アラブ人」(「パレスチナ人」)の住む場所になっていた。

一九四八年には新生イスラエルが建国される。無理やりユダヤ人とアラブ人で土地を分けることになったが、対立は現代まで続く[12]。

キリスト教、イスラム教に加えて、もう一つの世界宗教である仏教はどうなったのだろうか。じつは発祥の地であるインドでは衰退している。バラモン教によって弾圧されたうえに、イスラムによる侵攻が重なった。バラモン教に改宗すると下層カーストへの編入となるため、イスラム教に改宗する仏教徒が多かったという[13]。

代わりに、中国や日本、タイやベトナムなどで仏教は多くの信者を獲得した。インド的な要素が希薄だったため、仏教は世界宗教になれたのかもしれない。

他方、一時期は下火になったバラモン教だったが、インド土着の民間信仰を吸収しながら、民族宗教として大衆化していった。一般的に、この大衆化したバラモン教がヒンドゥー教と呼ばれる。『マハーバーラタ』はヒンドゥー教の聖典の一つだ【第5回】。

宗教には大きく分けて、土着の要素を取り入れ「深く」進展していく民族宗教と、ある種の寛容さとともに「広く」進展していく世界宗教がある。熱心なファンを持つご当地タレントと、テレビでよく見かける全国区のタレントのようなものだろうか。後者には、実際のファンがどれくらいいるかは不明だ。

人類史は宗教史

超高速で宗教の歴史を振り返ってみた。いかに宗教と人類史が密接に関係しているかがわかると思う。言い換えれば、宗教史は人類史そのものとも言える。

日本では「宗教」に苦手意識を持つ人が多い。新興宗教による事件が世間を賑わせたこともあり、「自分とは関係のない特殊な話」と思ってしまってもおかしくない。「日本人は無宗教だ」と言われることもある【第12回】。実際、NHKが二〇一八年に実施

12　一つ確認しておくと、ユダヤ戦争から二〇〇〇年近くが経っている。その間に、様々な民族や文明が混じり合ってきた。「パレスチナ人」には古代ユダヤ人をルーツに持つ人もいるだろう。一方の「ユダヤ人」も孤立した民族として捉える必要はない。この厄介な問題には多くの概説書が出版されているが、ダニエル・ソカッチ『イスラエル』（NHK出版、二〇二三年）が中立的でわかりやすかった。
13　保坂俊司『インド宗教興亡史』ちくま新書、二〇二二年

した世論調査によると約六割の人が信仰している宗教はないと答え、信仰心がないという人も五割を超えた。[14] だが、何の躊躇《ためら》いもなく、お守りを足で踏んづけられる人はどれくらいいるだろう。[15] 一度も初詣や墓参りに行ったことのない人はどれくらいいるだろう。おそらく少数派だ。

つまり、特定の宗教集団に所属していないし、自分では「信仰心がない」と思っていても、何らかの形で「聖なるもの」を信じたり、「宗教的なもの」を実践している人は少なくない。ジンクスや占いを信じたり、パワースポットに行くことも、広い意味では「宗教的」な行為と言えるだろう。

同時に、宗教は人間の営みである以上、非常に「人間らしい」。情熱とともに始まった宗教もやがて形骸化していく。新興の宗教は、新興の勢力と結びつき、既得権益化した旧い宗教を批判する。長年の存続に成功した宗教は、「中興の祖」の果たした役割が大きい。こうした視点で見ると、宗教は企業経営やコミュニティ運営にも通じる。

宗教は謎と不思議に満ちているが、そのすべてを神秘のベールに包んでおく必要はない。本書を通じて、少しでも宗教に対する謎が解けただろうか。それとも謎が増えただろうか。何万年も人類を魅了し続けた宗教や神話は、これからも人類史の重要な鍵であり続けるのだろう。

謝辞

連載時には『FILT』関係者の皆さん、ライターの斎藤哲也さん（人文系のライターとしては唯一無二）のお世話になった。書籍化にあたっては、講談社現代新書の所澤淳さん（いつも本当に迅速で丁寧）、前編集長の青木肇さん（「前」というと聞こえが悪いが更迭されたわけではなく現ブルーバックス編集長）、現編集長の川治豊成さん（まだ会ったことはない）、企画発案者である井上威朗さん（カープファン）が伴走してくれた。ヤングみやざきさんは、チャーミングで知的なマンガを描いてくれた。

本書は二〇二二年に出版した『10分で名著』の続編である。大ヒットとはいかなかったので、あまり続編っぽさを出さなかった。もしこの本が売れたら、ユダヤ教や初期仏教、ギリシア神話などを盛り込んだ続編を出版したい。

宗教と神話の本らしく最後は祈りでしめたいと思う。「ヒットしますように」。

14　小林利行「日本人の宗教的意識や行動はどう変わったか」『放送研究と調査』二〇一九年四月号

15　「お守りをもらっても困る」くらいはいるだろうけど。

構成

斎藤哲也（さいとう てつや）

一九七一年生まれ。ライター・編集者。東京大学文学部哲学科卒業。著書に『試験に出る哲学』『もっと試験に出る哲学』『試験に出る現代思想』（以上、ＮＨＫ出版新書）、『読解 評論文キーワード　改訂版』（筑摩書房）、編集・監修に『哲学用語図鑑』（田中正人著・プレジデント社）など。

マンガ

ヤングみやざき

人類史、言語学、考古学、宗教などに興味を持つ漫画家。主な作品に「神社のひみつ」「日本人になった人たち」（現在一～五巻まで刊行中）（以上、おおまち国際大学出版局。ＢＯＯＴＨにて販売）。

講談社現代新書　2725

謎《なぞ》とき　世界《せかい》の宗教《しゅうきょう》・神話《しんわ》

二〇二三年一一月二〇日第一刷発行

著　者　古市《ふるいち》憲寿《のりとし》
©Noritoshi Furuichi 2023

発行者　髙橋明男
発行所　株式会社講談社
東京都文京区音羽二丁目一二—二一　郵便番号一一二—八〇〇一
電　話　〇三—五三九五—三五二一　編集（現代新書）
〇三—五三九五—四四一五　販売
〇三—五三九五—三六一五　業務
装幀者　中島英樹／中島デザイン
印刷所　株式会社KPSプロダクツ
製本所　株式会社国宝社
本文データ制作　講談社デジタル製作
定価はカバーに表示してあります　Printed in Japan

本書のコピー、スキャン、デジタル化等の無断複製は著作権法上での例外を除き禁じられています。本書を代行業者等の第三者に依頼してスキャンやデジタル化することは、たとえ個人や家庭内の利用でも著作権法違反です。Ⓡ〈日本複製権センター委託出版物〉

複写を希望される場合は、日本複製権センター（電話〇三—六八〇九—一二八一）にご連絡ください。

落丁本・乱丁本は購入書店名を明記のうえ、小社業務あてにお送りください。

送料小社負担にてお取り替えいたします。

なお、この本についてのお問い合わせは、「現代新書」あてにお願いいたします。

N.D.C.160　269p　18cm
ISBN978-4-06-534092-9

「講談社現代新書」の刊行にあたって

教養は万人が身をもって養い創造すべきものであって、一部の専門家の占有物として、ただ一方的に人々の手もとに配布され伝達されうるものではありません。

しかし、不幸にしてわが国の現状では、教養の重要な養いとなるべき書物は、ほとんど講壇からの天下りや単なる解説に終始し、知識技術を真剣に希求する青少年・学生・一般民衆の根本的な疑問や興味は、けっして十分に答えられ、解きほぐされ、手引きされることがありません。万人の内奥から発した真正の教養への芽ばえが、こうして放置され、むなしく滅びさる運命にゆだねられているのです。

このことは、中・高校だけで教育をおわる人々の成長をはばんでいるだけでなく、大学に進んだり、インテリと目されたりする人々の精神力の健康さえもむしばみ、わが国の文化の実質をまことに脆弱なものにしています。単なる博識以上の根強い思索力・判断力、および確かな技術にささえられた教養を必要とする日本の将来にとって、これは真剣に憂慮されなければならない事態であるといわなければなりません。

わたしたちの「講談社現代新書」は、この事態の克服を意図して計画されたものです。これによってわたしたちは、講壇からの天下りでもなく、単なる解説書でもない、もっぱら万人の魂に生ずる初発的かつ根本的な問題をとらえ、掘り起こし、手引きし、しかも最新の知識への展望を万人に確立させる書物を、新しく世の中に送り出したいと念願しています。

わたしたちは、創業以来民衆を対象とする啓蒙の仕事に専心してきた講談社にとって、これこそもっともふさわしい課題であり、伝統ある出版社としての義務でもあると考えているのです。

一九六四年四月　野間省一